Volle Pulle Kreisliga – der ganz normale Wahnsinn!

Amateurfußball, wie er leibt und lebt.
Ein Erfahrungsbericht ...

Thomas Bentler

Thomas Bentler

Volle Pulle Kreisliga – der ganz normale Wahnsinn!

Amateurfußball, wie er leibt und lebt. Ein Erfahrungsbericht ...

Lektora

Lektora, Paderborn

Erste Auflage 2016

Lektora GmbH
Karlstraße 56
33098 Paderborn
Tel.: 05251 6886809
Fax: 05251 6886815
www.lektora.de

Druck: MCP, Marki
Covermotiv: Olivier Kleine
Covermontage: Olivier Kleine
Illustrationen: Larissa Göhn
Lektorat: Lektora GmbH
Layout Inhalt: Olivier Kleine

Printed in Poland

ISBN: 978-3-95461-083-9

Inhalt

Kapitel 1: Das Drehbuch

Thema heute: Fußball in der Kreisliga. Beim DFB wird sie freundlich „die Basis“ genannt. Deutlicher ausgedrückt: „Ganz unten“, zumindest sportlich gesehen. Würde man eine Doku über den Kreisligafußball drehen, so gäbe es eine Menge Stoff dafür, denn auf Deutschlands Amateursportplätzen gibt es sie wie Sand am Meer: das Talent, das eigentlich hätte höher spielen müssen, den Knipser, der die eigene Hälfte nur aus Erzählungen kennt, den Schönspieler, der regelmäßig die neuesten Playstation-Tricks ausprobiert, und den Umfunktionierten, der sich selbst als Dreh- und Angelpunkt sieht, vom Trainer aber in die Verteidigung gesteckt wurde und seitdem oft traurig ist.

In den Nebenrollen: Trainer auf 180, die mit Kippe auf dem Zahn ihre Jungs zusammenfalten, schwerfällige Betreuer, die mit Eisspray bewaffnet Schürfwunden bis in die untersten Hautschichten befeuern, und weißhaarige Schiedsrichter, deren Bewegungsradius sich höchstens auf den Mittelkreis beschränkt. Dazu gibt es noch gierige Kassierer, die für das oft trostlose Gekicke doch tatsächlich noch Geld verlangen, durchgeschwitzte Grillgutbeauftragte am Bratwurstbratgerät und motivierte Thekenbedienstete, die sich selbst ebenfalls mal gern einen anzapfen. Kurz gesagt, all diejenigen, die zwar selbst nicht (mehr) kicken, aber trotzdem schwer in die ganze Sache involviert sind. Weil sie nicht loslassen wollen, oder können, und weil der Amateurfußball einfach viel zu viel Freude bereitet, um ihm den Rücken zu kehren. Und somit helfen sie weiterhin fleißig, um den Laden am Laufen zu halten.

Und selbstverständlich ist auch für Statisten gesorgt: rüstige Rentner, nach deren Aussagen früher alles besser war, Schönwetterzuschauer im T-Shirt, die oft nur auf eine Stadionwurst und ein Pils vorbeischauen, und Spielerfrauen, die an der Tankstellen-Werbebande entlangflanieren, als ob sie gerade einen PR-Termin auf dem roten Teppich in Paris, London oder New York hätten.

Sie alle gehören zum Kosmos des Amateurfußballs und machen ihn zu dem, was er ist: etwas Wunderbares, das so unendlich viel zu bieten hat. Denn eins ist doch sonnenklar und da gibt es zumindest bei den Eingefleischten keine zwei Meinungen: Fußball fetzt und das ganz besonders, wenn man mittendrin statt nur dabei ist – in welcher Funktion auch immer. Nicht ohne Grund jagen schließlich allein in Deutschland hunderttausende Fußballvirtuosen an jedem verdammten Wochenende dem runden Leder hinterher, egal ob auf Asche, Kunstrasen, Rasen oder Wiese, egal ob in der großen Stadt oder im beschaulichen Dörfchen, bei Sonne, Regen, Sturm und Schnee. Und nicht nur das: Parallel ziehen sich genauso viele Leute die teils atemberaubenden, teils äußerst überschaubaren Darbietungen von Bahnschranke, Staubsauger, Chancentod & Co. als Zuschauer am Spielfeldrand rein. Fußball bewegt die Menschen, im wahrsten Sinne des Wortes. Klingt komisch – ist aber so!

„Volle Pulle Kreisliga“ widmet sich der bunten Welt des Amateurfußballs und durchleuchtet nicht nur seine Protagonisten, sondern genauso das ganze Drumherum. Schonungslos ehrlich und gnadenlos direkt, aber auch nicht ganz ernst gemeint und jederzeit mit einem kleinen Augenzwinkern im Gepäck. Aus gutem Grund, denn eines soll dieses kleine Büchlein mit dem Kreisligasport gemeinsam haben: Es soll Spaß machen und alle begeistern, die irgendetwas mit ihm zu tun haben.

Taucht also ein in den ganz normalen Wahnsinn der unteren Ligen. Dabei habt ihr stets die Wahl, beispielsweise bei all den Protagonisten. Lest euch entweder alle Charaktere durch oder nur die, die euch interessieren. Lasst euch von diesem Buch berieseln, findet euch, euer Team und euren Verein in den Zeilen wieder, fühlt euch an Personen oder Momente erinnert, nickt zustimmend oder lacht euch einfach mal ordentlich einen ab. Steilvorlagen gibt es reichlich, von allen Personen rund um den Sportplatz bis hin zu alltäglichen Szenarien wie dem Spieltag als Festival der Emotionen, die Trainingsabende mit all ihren Hochs und Tiefs oder die vielerorts verhasste

Sommervorbereitung. Alles wird thematisiert und munter auf die Schippe genommen. Wenn schon, dann richtig!

Dabei bleibt eines jedoch festzuhalten: Letztendlich ist jede geschriebene Zeile vor allem eines – die freche, aber stets liebevolle Hommage an den Amateurfußball mit all seinen Facetten. Eine der schönsten Nebensachen der Welt halt …

Viel Spaß beim Lesen!

Thomas Bentler

Kapitel 2: In den Hauptrollen

2.1: Auf dem Platz

Werktags arbeiten, am Wochenende schuften, und zwar auf dem Platz! Ganz egal in welcher Amateurliga aktive Fußballer unterwegs sind, eines haben fast alle aktiven Kickerinnen und Kicker gemeinsam: So schön das Drumherum auch ist, letztendlich betreiben sie diesen Sport, um selbst auf dem Platz zu stehen und hinter den Ball zu treten. Es ist doch ebenso saugeil, selbst und halbwegs fit am Spiel teilnehmen zu können und seinen Beitrag zu leisten. Und letztendlich kommen die Zuschauer ja nicht nur wegen Stadionwurst und Bierchen, sondern primär, um sich das Spiel anzusehen. Ganz klar, die aktiven Spieler sind die Hauptdarsteller in unserer kleinen Doku und werden aus diesem Grund zuerst vorgestellt. Schaut sie euch an:

Torhüter: echte Marken, weit weg von 08/15 und manchmal mit einem ordentlichen Dachschaden – behaupten jedenfalls Insider

DER TORHÜTER:

Der Torhüter, die letzte Instanz! Gleich zu Anfang ein echter Härtefall. Warum? Weil Keeper irgendwie ganz besondere Menschen sind. Ab und zu haben sie sogar ordentlich einen an der Waffel, behaupten jedenfalls Kenner. Tiefgehende Gründe gäbe es dafür durchaus: Für einige von ihnen lief es bereits zu Beginn ihrer „Karriere“ nicht nach Plan, denn sie wollten eigentlich gar nicht ins Tor, sondern viel lieber spektakulär als Feldspieler zelebrieren. Das Problem an der ganzen Sache: Entweder sie waren im Stile von Raupe Nimmersatt etwas moppelig oder fußballerisch einfach abgrundtief schlecht. Kinder sind da sehr ehrlich, es bedurfte keiner langen Diskussion, bevor sich die Mehrheit, genauer gesagt alle bis auf die betroffene Person selbst, dazu entschloss: „Der Dicke bzw. die Graupe muss ins Tor!“ Immerhin, besser in der Kiste stehen, als auf der Bank zu sitzen, wird sich damals der ein oder andere gedacht haben. Die Weichen für eine verheißungsvolle Zeit im Eckigen waren also gestellt und schließlich wurde sich dann mit der neuen und anfangs ungewohnten Position abgefunden. Erst im Laufe der Zeit wurden einem die Tücken und Nachteile der Torwartposition bewusst.

Im Training: Noch immer steht der Schlussmann regelmäßig allein auf dem Trainingsplatz, während die Feldspieler gemeinsam ihre Übungen absolvieren. Im allerschlimmsten Fall gibt es weder einen zweiten Torwart noch einen Torwarttrainer und so kann sich der Gute mehr oder weniger selbst bespaßen. Oder bei den Feldspielern mitmachen, was zwischendurch sicher mal okay ist, auf Dauer aber positionsspezifisch wenig Sinn hat.

Im Spiel: In einigen Partien steht der Goalie 89 Minuten blöd rum (was besonders bei schlechtem Wetter unangenehm ist) und muss dann in dieser einen Szene hellwach sein. „Wenn er rauskommt, muss er ihn haben!“ ist nur eine der Paradetatsachen, die dann folgerichtig vom fachkundigen Publikum festgestellt wird. Falls er jedoch siegessicher laut „Tooooorwaaaart“ ruft, den Ball aber dann doch nicht bekommt, schauen Mitspieler, Trainer und heimische Fans ganz schnell mal ungläubig drein. Noch schlimmer sind Patzer: Ein Flatterball durch die Arme und schon schallt das Wort „Fliegenfänger“ durch das weite Rund. Die Worte „War meiner …“ interessieren dann auch nicht. Die Lacher der gegnerischen Fans gibt's gratis noch obendrauf.

Machen wir uns nichts vor, zum Keeper muss man geboren sein. Glücklicherweise sind dies aber sehr viele und diese Personen machen das Ganze aus tiefster Überzeugung. Für sie gibt es nichts Geileres, als zwischen den Pfosten zu stehen und Bälle zu parieren. Wie damals Titan-Kahn übergreifen, Glanzparaden hinlegen und saustarke Sensationsreflexe an den Tag legen, was gibt es Schöneres? Dabei nehmen sie in Kauf, auch mal bei einer Flanke zu spät zu kommen oder am Ball vorbeizusegeln. Das ist Berufsrisiko und hält keinen vom Versuch ab, Woche für Woche sein Tor zu vernageln.

Einige Schlaufüchse haben sich jedoch nicht ganz ohne Hintergedanken für die Torwartposition entschieden. Jeder weiß schließlich, dass der Job des Panthers sogar den ein oder anderen kleinen Vorteil mit sich bringt: Torhüter in einem Team gibt es schließlich nicht wie Sand am Meer, besonders nicht in der Kreisliga. Während andere sich also um den Platz in der Startelf streiten, hat der Torwart so gut wie immer das Monopol und ist über den Zeitraum einer ganzen Saison so gut wie gesetzt. Und nicht nur das, seine Position ist sogar so wichtig, dass Spiele umgehend verlegt werden, falls er an einem Termin nicht kann. Das Fehlen von zwei bis drei Feldspielern könnte eventuell verkraftet werden, das des Torwarts definitiv nicht.

Darüber hinaus ist das Torwartspiel äußerst vielfältig, besonders der erlaubte Einsatz von Händen und Armen macht die Position spannend und bietet eine zusätzliche Möglichkeit, Fehler der Füße zu kaschieren.

Abstoß: Wenn er feste schießen kann, darf er auch mal selber ran – hoch und weit bringt schließlich Sicherheit.

Wurden die Keeper früher noch ausschließlich für das Sauberhalten ihres Tores abgestellt, so werden sie heute selbst im Amateurbereich kontinuierlich in das Spiel eingebunden, zum Beispiel als mitspielender Torwart, der wie Manuel Neuer bei der Weltmeisterschaft 2014 gegnerische Bälle abfängt oder weggrätscht. Und im eigenen Ballbesitz wird der Torhüter dabei immer gefragter, unter anderem als zusätzliche Anspielstation im Spielaufbau. Musste der Ball früher noch vom Libero oder einem anderen Feldspieler, der besonders feste schießen kann, ins Spiel gebracht werden, so darf heutzutage in einigen Vereinen sogar der Schnapper die Aufgabe der Spieleröffnung übernehmen. Wenn sich die Möglichkeit bietet, dann kurz, ansonsten lang und schmutzig. Lang natürlich nur, wenn er zusätzlich weit kommt.

Beim Blick auf den Torhüter können wir abschließend sagen: Selbst wenn die Gefahr besteht, dass er mal danebengreift, so überwiegen in Summe doch die Möglichkeiten, in denen er zum absoluten Hero avancieren kann und den Sieg oder zumindest ein Unentschieden festhält. Sonderlob vom Trainer und Erwähnung im Zeitungsbericht inklusive.

Kurz gesagt: Torhüter haben alle Chancen, auf sich aufmerksam zu machen, ob nun positiv oder negativ, alles ist möglich. Und so schweben sie oft in einer Welt zwischen Genie und Wahnsinn, jederzeit hart an der Kante zwischen Matchwinner und Vollhorst …

DER LIBERO:

Wie beim Torwart bereits erwähnt, hat dieser einen Teil des Aufgabenbereiches vom Libero übernommen. Nicht zuletzt dadurch ist der letzte Mann eine aussterbende Gattung, die sich langsam, aber sicher in der Kreisliga gleichfalls auf dem Rückzug befindet. Die Viererkette hat daran einen großen Anteil. Vor einigen Jahren im Amateurbereich noch undenkbar, hält sie mittlerweile in immer mehr Vereinen Einzug, zumindest auf der Taktiktafel. Was dagegen auf dem Feld fabriziert wird, ist vielmals alles, nur keine Viererkette. Aber egal, Fakt ist, dass permanent Liberos in den Aufstellungen verschwinden. Sehr zum Leidwesen der Spieler, die sich am liebsten zehn Meter hinter der Abwehr tummeln und zwischendurch einfach mal ihre Ruhe haben wollen. Fernab vom umkämpften Mittelfeld ist es sehr nett und es kann ohne großartigen Stress eine ruhige Kugel geschoben werden: Im Ballbesitz diese ohne großartigen Gegnerdruck stilvoll nach vorn spielen und dabei unheimlich gut aussehen. In der Abwehr zu lang gespielte Bälle unter Beifall routinemäßig abzulaufen oder total abgeklärt bei jedem tiefen Ball des Gegners die Hand heben und mit aller Selbstverständlichkeit überzeugend „Abseits“ zu rufen – all das sind überaus lässige Aktionen, die jeder waschechte Libero unheimlich gut draufhat.

Gegen den Ball routinemäßig –
mit dem Ball in Bruder-Leichtfuß-Manier

Ab und an geht er bei Ballbesitz sogar selbst in den Angriffsmodus über, nämlich wenn sich seiner Meinung nach keiner anbietet oder die Offensivbemühungen seiner Kollegen lahmen. „Mehr Angebote!!!“. Kommen die nicht, sucht die Vernunft das Abenteuer, der Libero schnappt sich den Ball und startet in Bruder-Leichtfuß-Manier mit raumüberbrückenden Schritten und ohne Absicherung ein verrücktes Dribbling nach vorn. „Alles muss man selber machen!“ Aber wer kann, der kann.
Hält er sich während des laufenden Spiels in Summe jedoch vorrangig in der eigenen Hälfte auf, ist er zumindest bei eigenen Standardsituationen ein häufig gesehener Gast in des Gegners Hälfte. Entweder um das Leder höchstpersönlich wegzumachen oder um den ruhenden Ball bosshaft in die Gefahrenzone zu spielen. Fluffig reingechippt, mit Effet oder volles Mett, er hat für jede Situation den passenden Ball parat.
Was er neben Abwehrarbeit und Offensivbemühungen oftmals einzustreuen versucht, sind Kommandos und neunmalkluge Phrasen. „Wir müssen

vorne auch mal einen machen" ist nur einer von vielen Sprüchen auf seiner nimmermüden Schallplatte. Gelegentlich hat er hinten drin schlichtweg Langeweile, warum dann nicht mal ein paar schlaue Weisheiten rausposaunen? Das ist natürlich nur glaubwürdig, solange er selbst seinen Job macht und nicht patzt, was als letzter Mann vor dem Torwart alles andere als ideal ist. Einerseits weil es Sekunden später im eigenen Gehäuse klingeln kann, anderseits – wer nimmt sich schon schlaue Sprüche von Leuten an, die es selbst nicht besser hinbekommen?

Die Metamorphose des Libero-Körpers:
vom Waschbrett- zum Waschbärbauch

Viele Liberos bekleiden diese Position erfahrungsgemäß erst im Spätherbst ihres Spielerdaseins. Im Laufe der Jahre sind sie peu à peu von ganz vorn bis nach ganz hinten durchgerutscht. Und das nicht ohne Grund: die Muskelmasse ist gesunken, der Fettanteil dagegen gestiegen, das Waschbrett ist sozusagen zum Waschbärbauch mutiert. Warum bloß ein Sixpack, wenn es ein ganzes Fass zu verteilen gibt? Er ist nicht mehr der Schnellste und Fitteste, die schwingende Fettschürze, die Plauze, der Wanst, die Wampe oder wie das Wohlstandsbäuchlein auch heißen mag, es macht ihn nicht unbedingt leistungsfähiger.

Aber nicht nur sein BMI kann dem Libero das Leben schwermachen, nach einer langen Laufbahn sind bestimmte andere Körperregionen anfälliger als früher, Wehwehchen während und besonders nach dem Sport nehmen permanent zu. Um diesen vorzubeugen oder sie in einem erträglichen Rahmen zu halten, lässt er die Karriere hinten drin ausklingen. Und das ist unser Stichwort: Weitere Infos zur Liberoposition lassen wir an dieser Stelle mangels Perspektive ebenfalls ausklingen. Selbst wenn er immer mal wieder rausgekramt wird, irgendwann wird man ihn nur noch aus Erzählungen kennen, unaufhörlich nagt der Zahn der Zeit an ihm …

DER MANNDECKER:

Noch so einer, dessen Tage bald gezählt sein dürften. Manndecker zu sein, kann für Personen, die nicht so viel nachdenken möchten und eher gegen den Ball statt mit ihm spielen, eine relativ reizvolle Aufgabe sein. Das Anforderungsprofil ist klar: Den Gegenspieler ausschalten, ihm die Lust am Fußball neben und ihn nicht zum Zug kommen lassen. Niemals.

Der Worstcase nach 90 Minuten: 3 Gegentore und 10 Kilometer auf dem Tacho – aber trotzdem kaum einen Ball gesehen

Dazu wird dem Stürmer quer über den Platz nachgelaufen, notfalls bis auf das Klo, hat der Coach schließlich so befohlen. Der Manndecker spielt seine Rolle nicht nur, nein, er lebt sie und hat sich in sie hineingefressen wie ein räudiger Straßenköter in ein Stück Fleisch. Von genervten Stürmern muss sich der Beschattende immer wieder die Frage gefallen lassen, ob er ein Passfoto haben wolle, was er aber kategorisch ablehnt. Die Verfolgerei ist nicht einfach, besonders bei einem Gegenspieler, der beim TV Jahn als Langstreckenläufer deutlich besser aufgehoben wäre und sich lediglich in der Gesichtsfarbe von einem afrikanischen Laufwunder unterscheidet. Im schlimmsten Fall hat der Verteidiger nach dem Spiel über zehn Kilometer auf dem Tacho, aber so gut wie keinen Ball gesehen, stattdessen nur die Hacken des imaginären Kenianers, davon aber reichlich. So kommt es vor, dass es im Spiel oft mal nicht so richtig läuft. Dann wird der Gegner wenigstens genervt, Möglichkeiten für ein paar kleine Gemeinheiten gibt es schließlich genug.

Und wenn es nur ein paar derbe Worte über seine Mutter oder diverse Tiernamen sind. Wirklich interessant wird es aber erst, wenn es dann doch mal zu einem echten Zweikampf kommt: Showdown, 1 gegen 1, Auge in Auge, es gibt kein Vor und kein Zurück mehr, der Zweikampf muss und will geführt werden! Ausgangssituation: Der Stürmer hat den Ball, er ist torhungrig und kommt mit Vollgas angerannt. Der Manndecker ist dagegen wild entschlossen, den Offensivspieler mit aller Gewalt zu stoppen, koste es, was es wolle. Dabei wendet er die goldene Regel an: Nur einer kann vorbei, entweder der Gegenspieler oder der Ball, NIEMALS beide gemeinsam. Und so gibt es in dieser Situation genau sechs Möglichkeiten:

Möglichkeit 1: Foul und der Schiedsrichter pfeift einen Freistoß oder sogar Elfmeter.

Möglichkeit 2: Foul, der Stürmer bleibt jedoch im Ballbesitz, also Vorteil.

Möglichkeit 3: Foul, dabei wechselt der Ballbesitz zum Manndecker, der Schiedsrichter lässt weiterlaufen.

Möglichkeit 4: Der Manndecker führt einen fairen Zweikampf und belohnt sich mit dem Ballbesitz.

Möglichkeit 5: Der Stürmer vertändelt einfach den Ball oder spielt den Fehlpass.

Möglichkeit 6: Der Stürmer schafft es doch irgendwie samt Ball am Verteidiger vorbei.

Die Folgen der einzelnen Möglichkeiten im Überblick:

Bei Möglichkeit 1: Kann als Glück im Unglück bezeichnet werden, wenigstens gibt es (noch) kein Gegentor. Blöd, wenn die anschließende Standardsituation dann jedoch reingeht.

Bei Möglichkeit 2: Hier ist alles wie immer, der Gegenspieler läuft weiter und der Manndecker wie Hein Blöd hinterher.

Bei Möglichkeit 3: War gar nichts! Internationale Härte.

Bei Möglichkeit 4: Großartig, Szenenapplaus ist vorprogrammiert.

Möglichkeit 5: Auch nicht schlecht.

Möglichkeit 6: Keine Option, sie ist die denkbar schlechteste aller Möglichkeiten für den Verteidiger, Stress mit dem Trainer, Anschiss der Teamkameraden und Häme der Zuschauer sind vorprogrammiert.

Bei Ballbesitz diesen schnell wegkloppen, egal wohin. Und niemals mit nach vorn gehen! Die gegnerische Hälfte ist tabu

Kommt der Manndecker, egal wie, in den Ballbesitz, geht die Aktion weiter, irgendwas muss schließlich mit dem Ball passieren. Bevor wir jetzt aber unnötig Erwartungen wecken, treten wir schnell auf die Euphoriebremse. Im Zeitalter der Manndeckung ist der Ballbesitz nämlich recht unspektakulär. Meist wird das runde Leder nach dem Gewinn schnellstmöglich weggekloppt, wohin ist erstmal egal, Hauptsache weg damit, Stumpf ist Trumpf! Manche Abwehrrecken machen dies, weil sie mit dem Ball ohnehin nicht viel anfangen können, eher grobmotorisch veranlagt sind und sich in der gegnerischen Hälfte fürchterlich unwohl fühlen. Aus diesem Grund wird sie konsequent gemieden, selbst wenn der Gegenspieler Rot bekommen hat.

Andere dreschen den Ball aus einem anderen Grund weg und dieser ist der Hammer schlechthin: Anstatt sich nach dem Abspiel wieder als Anspielstation andienen und den Angriff mitzugestalten, indem sie sich wieder anbieten oder Räume öffnen, beenden sie ihren Lauf überfallartig, gucken, wo ihr Gegenspieler steht, um sich diesem dann gleich wieder zu widmen. Wir merken an dieser Stelle noch einmal an: Obwohl das eigene Team im Ballbesitz ist!!! Warum einige Experten so etwas machen, wird wohl niemals vollständig geklärt werden. Eventuell liegt es an mangelnder Kondition und sie müssen sich schleunigst ausruhen. Zudem wird so ein Verhalten im Verein oftmals von Generation zu Generation weitervererbt, gerade wenn die Jugendtrainer selbst Defensivmonster waren. Oder die Angst spielt ebenso hier eine Rolle, denn so bescheuert wie dieser Move auch ist, so hat er doch einen kleinen Vorteil: der Manndecker ist umgehend wieder hart am Mann, wenn die Mitspieler den Ball verlieren.

Wie auch immer, bei näherer Betrachtung werden selbst die Taktiklaien unter uns erkennen, dass dieses Prinzip mehr Nach- als Vorteile hat. Und deshalb ist der Manndecker nicht mehr sonderlich zeitgemäß und wird ab sofort ignoriert …

DER INNENVERTEIDIGER:

Nun aber zurück in die Zukunft: Schon mal gemerkt? Zwar nicht in jedem Team, aber in sehr vielen, gibt es einen bestimmten Spielernamen. Die Rede ist vom „Langen“. Er ist so groß, dass er aus der Dachrinne saufen könnte, rein von der Körperlänge her wäre er beim Basketball definitiv besser aufgehoben. Aber er kickt halt lieber und so hat er seinen Platz im Kreisligafußball verdient und gefunden.

Grotesk: ein Typ wie ein Baum mit der Spielweise einer Axt

Oft, wirklich sehr oft, findet sich der Lange in der Innenverteidigung wieder, aus irgendeinem Grund scheint er für diese Position prädestiniert. Somit ist es keine Seltenheit, dass hinten in der Mitte ein oder sogar zwei Leuchttürme stehen, die alle anderen drumherum miniaturhaft aussehen lassen. Aber warum ist das so, aus welchem Grund spielen die meisten Langen der Kreisligawelt vermehrt in der Abwehr? Nun ja, zweifelsohne ist es nicht verkehrt, in der Verteidigung über körperlich robuste und kopfballstarke Hünen zu verfügen. Am Boden: Wenn sie sich mit der unbändigen Kraft einer Planierraupe in den Zweikampf werfen, ihren Gegenspieler ganz locker abkochen oder notfalls auch runtergehen, um den Ball abzuräumen oder, wenn dieser bereits gespielt ist, um wenigstens den Gegenspieler wegzurasieren. In der Luft: Wenn sie sich mit Anlauf in den siebten Stock katapultieren und dort, wo die Luft schon merklich dünner wird, den hoch reingeschlagenen Ball aus der Bewegung wegköpfen, egal wohin.

Dies gelingt aber nicht immer, denn Kicker, die früher Manndecker waren und irgendwann zum Innenverteidiger umgeschult wurden, fallen gelegentlich noch in alte Muster zurück. Dann lassen sie sich aus der Kette nach hinten fallen, machen diese damit fast unbrauchbar und heben zu allem Überfluss noch das Abseits auf. Oder sie kehren spontan zur Manndeckung zurück, was in einigen Momenten auch nicht besonders von Vorteil ist.

Die Aufgaben beschränken sich aber nicht nur auf die Defensive, besonders im Spielaufbau ist der Lange ein wichtiger Ansprechpartner, wenn es darum geht, den Ball nach vorn zu transportieren. Für die Bewegungslegastheniker unter den Innenverteidigern ist das gar nicht so leicht: Klar, den Abstoß übernehmen, wenn der Keeper nicht kann, ist kein Thema. Aber der moderne Abwehrrecke muss genauso in den Niederungen der Kreisliga über ein einigermaßen vernünftiges Passspiel verfügen, wenn er nicht gleich nach der Spieleröffnung wieder in den Verteidigungsmodus umschalten will. Was, man ahnt es kaum, vielen dann aber leider doch schnell passiert.

Zusätzlich zum Spielaufbau kann der Innenverteidiger ganz vorn sehr wertvoll für seine Mannschaft sein. Erfahrungsgemäß geht der lange Lulatsch bei allen Ecken und jedem halbwegs interessanten Freistoß mit, entweder um sich hochzuschrauben und das Objekt der Begierde zu versenken oder einfach um im 16er etwas Theater zu machen und für Unruhe zu sorgen. So einen Kleiderschrank verteidigt schließlich niemand gern.

Das Notfallrezept bei Rückstand kurz vor Schluss: immer hoch rein, im Idealfall direkt auf die Birne des Langen!

Was sich außerdem gelegentlich beobachten lässt: Liegt das Team kurz vor Schluss mit einem Tor zurück, wird fleißig Harakiri gespielt. Der Innenverteidiger bemüht sich, entweder nach Aufforderung vom Coach oder auf eigene Faust, in die gegnerische Hälfte und irrlichtert, dort angekommen, ab sofort als Stürmer rum. Eins ist klar, Verwirrung ist damit vorprogrammiert. Der Gegner weiß ihn nicht so recht zuzuordnen, wer soll sich um ihn kümmern? Darüber hinaus macht er teilweise äußerst unorthodoxe und lethargische Bewegungen, so ganz anders als der normale Offensivspieler. Eine schwierige Situation für das verteidigende Team, aber auch für die eigene Elf ist die Situation nicht alltäglich. Wurde eventuell vorher noch versucht, flach in die Tiefe zu spielen, kann dies nun verworfen werden, denn manch einem Innenverteidiger springt der Ball bei der Annahme so weit weg, dass das Ganze fast schon als Schuss durchgehen könnte. Scharfe Pässe genau in den Lauf sind auch so eine Sache, um diese Bälle zu verarbeiten, fehlen ihm schlichtweg Tempo und Technik. Und jemanden ausspielen, das kann der Innenverteidiger schon mal gar nicht. Tore mit seiner Beteiligung fallen demnach fast nur nach langen Bällen, die stumpf vorne reingeschlagen wurden, oder nach unübersichtlichen Situationen im Strafraum, bei denen im Nachhinein keiner mehr weiß, wie das passieren konnte.

Fassen wir also zusammen: Der Innenverteidiger macht hinten im Normalfall einen grundsoliden Job.

In der gegnerischen Hälfte dagegen kann er zwar eine Hilfe sein, muss aber nicht. Trotzdem würden wir ihn jederzeit wieder vorne reinschicken. Und wenn es nur ist, um etwas schmunzeln zu können …

DER AUSSENVERTEIDIGER:

Auf der einen Seite spielt der einzige Linksfuß im Team, er hat seinen Stammplatz genauso sicher wie der Torwart. Für die andere Seite kommen theoretisch mehrere Personen in Frage, vorausgesetzt, sie besitzen Siebenmeilenstiefel und sind schnell wie ein Windhund. Einen gemeinsamen Nachteil auf die Geschwindigkeit bezogen haben sie aber leider alle, denn ihr Schnellsein funktioniert nur ohne Ball. Und so ist das Aufgabenprofil des Kreisliga-Außenverteidigers in der Stellenbeschreibung eindeutig: Der Aufenthaltsort ist vorrangig rechts oder links hinten und permanent an der Linie klebend. Natürlich auf der Seite, wo er auch seinen starken Fuß hat. Ein Linksfuß hinten rechts oder umgekehrt? Davon wird dringend abgeraten, da dies viel zu gefährlich für das eigene Team wäre. Also spielt jeder Außenverteidiger strikt auf „seiner Seite" und marschiert, wie an einer Schnur gezogen, die Auslinie hoch und runter, um sowohl die Gegenspieler als auch den Untergrund zu beackern. Apropos Auslinie: Diese verlässt er in der Regel höchst selten, über die Gründe dafür lässt sich nur mutmaßen. Vielleicht gibt ihm die weiße Begrenzung und die damit verbundene räumliche Begrenzung einfach

ein Stück weit Sicherheit, mehrere Handlungsalternativen überfordern den ein oder anderen schließlich. Und so gibt es im Leben des gemeinen Außenverteidigers weniger „nach links“ und „nach rechts“, sondern vielmehr „nach hinten“ und „nach vorn“. Vor – zurück, vor – zurück, vor – zurück, das kriegt jeder hin, selbst wenn er nicht die hellste Kerze am Weihnachtsbaum ist. Darüber hinaus bietet die Auslinie weitere Vorteile, die Wasserkiste ist zum Beispiel nicht weit und mit den Ersatzspielern kann auch mal kurz gequatscht werden.

Wenn gar nichts mehr geht, kommt die halbhoch eingesetzte Fluggrätsche zum Einsatz!

Wenn es darum geht, den Ball zu erobern, ist die Linie ohnehin sehr hilfreich, nach allen Richtungen kann der Gegenspieler samt Objekt der Begierde schon mal nicht. Den Rest erledigen die schnellen Beine, der drahtige Körper oder, als letzte Möglichkeit, auch einmal eine elegant eingesetzte, halbhohe Fluggrätsche. Ohne Frage wird nach eigener Aussage dabei jedes Mal ganz sauber nur der Ball gespielt.

Hat er das runde Leder dann erobert, geht ab und zu richtig schön die Post ab. Außenverteidiger sind in der heutigen Zeit herzlich eingeladen, sich in die Angriffe miteinzuschalten. Je nach Spielverständnis und Mut des jeweiligen Spielers kann seine Position also sehr offensiv interpretiert werden. Ein Problem kann allerdings auftreten, wenn er im letzten Drittel den Ball bekommt beziehungsweise dort noch im Ballbesitz ist.

Immer wieder im Repertoire:
Sololäufe mit einem Hang zur Selbstverarsche!

Seine Dribblings sind so eine Sache, die (teils ungewollten) Tricks kommen mitunter so überraschend, dass nicht nur seine Gegenspieler, sondern auch die eigenen Mannen kurzzeitig nicht wissen, was in dem Moment passiert. Ihm persönlich geht's genauso, aber wenigstens kennt er diese Ungewissheit, bereits in der Vergangenheit neigten seine Solos immer mal wieder zur Selbstverarsche. Die Alternative zum Eins gegen Eins wäre, nach innen zu ziehen, was aber auch Probleme mit sich bringt, da er sich in der Mitte des Spielfeldes bekanntlich unwohl, fremd und überfordert fühlt. Er bleibt also lieber außen und versucht, den Ball mit einer flachen Hereingabe oder per Flanke ins Zentrum zu spielen. Hier spielt die häufig unzureichend ausgeprägte Technik nicht nur eine wichtige Rolle, nein, sie kann ein echtes Problem darstellen. Nicht selten haben seine Flanken einen Streukreis, der größer ist als der 16er. Der Ball landet dann hinter dem Tor, zwischen den Zuschauern oder sogar auf dem Parkplatz. Auch die Höhe des Balles variiert stark, entweder er schafft es nur wenige Zentimeter über die Grasnarbe oder er kommt von so weit oben wieder runter, dass schon Schnee draufliegt. Und dafür hat er sich dann die ganze Mühe gemacht und ist über 80 Meter wie ein Wahnsinniger mit nach vorn gerannt. Aber was soll's, der Pferdelunge sei Dank geht es rasch wieder zurück. Mit dem Ziel, den Ball schnellstmöglich wieder zurückzuerobern, um anschließend den nächsten teuflischen Vorstoß in des Gegners Hälfte starten zu können. Mühsam ergrätscht sich das Eichhörnchen sozusagen …

DER ÄUSSERE MITTELFELDSPIELER:

„Schick mich, ich bin schnell!“ Der fintierende Flitzer hat auf der linken oder rechten Außenbahn seine absolute Bestimmung gefunden. Hier ist er Mensch

– hier darf er's sein. 2 – 20 Mal pro Halbzeit jagt er dribbelnderweise an der Seitenauslinie entlang und reibt sich auf. Nach vorne mit Ball, nach hinten ohne. Psychisch hat er (besonders der linke Mittelfeldspieler), ähnlich wie der Torwart, hin und wieder leicht einen an der Klatsche. Sportlich verfügt er, im Gegensatz zum Außenverteidiger, über eine ganz passable Technik, er muss sich also nicht komplett auf seine Schnelligkeit und die für einen Amateurfußballer überdurchschnittliche Ausdauer verlassen. Passable Technik heißt aber nicht gleich, dass er ein Riesenkicker ist. Für das zentrale Mittelfeld reicht es zum Beispiel nicht, dazu fehlt dann doch noch etwas. Aber für ein paar kleine Moves an der Auslinie schon, schließlich ist der Gegenüber ja auch kein Weltfußballer. Falls er damit nicht weiterkommt, wird Plan B angewendet: Rechts blinken, den Ball möglichst weit am Gegenspieler vorbeilegen und mit 1000 km/h links vorbeidüsen. Gnadenlos einfach, aber für die Sprintertypen im Team eine sichere Sache. Lediglich die Dosierung des Balltempos kann Schwierigkeiten bereiten, besonders zu weit gespielte Bälle, die dann ins Tor- oder Seitenaus rollen, sind keine Seltenheit. Ärgerlich.

Der schwache Fuß dient lediglich dazu,
nicht umzukippen!

Funktioniert sein geiler Trick aber und ist der Flügelflitzer parallel auch noch richtig gut drauf, lässt er sogar mal Fünfe gerade sein und riskiert etwas:

Er zieht im Stile eines eiskalten Draufgängers ca. 20 – 30 Meter vor dem Tor nach innen. Gut für das verteidigende Team: Von ihm selbst geht so gut wie keine Gefahr aus, denn der Ball liegt auf seinem falschen Fuß und der dient lediglich dazu, nicht umzukippen. Heikel wird es für die gegnerische Abwehrreihe nur, wenn er den Ball zu einem Mitspieler spielt. Dies kann auf mehrere Weisen geschehen. Der einfachste Weg ist der ganz normale Pass, der im Amateurfußball aber auch schon eine kolossale Herausforderung darstellt, 5 – 8 Meter können schließlich verdammt weit weg sein. Wenn eine flache Hereingabe gefragt ist, zum Beispiel in den Lauf des Mitspielers, erhöht sich der Schwierigkeitsgrad schon drastisch. Fast unmöglich wird es, wenn der Stürmer mit Flanken gefüttert werden will. Den Ball in der richtigen Höhe, im richtigen Tempo und dann noch genau getimed zu spielen, ist in der Kreisliga ein echtes Projekt. Allerspätestens hier kapitulieren die meisten, spielen den Ball blind nach vorn und schicken zeitgleich eine Menge Hoffnung hinterher. Zusätzlich zu Pässen, flachen Hereingaben und Flanken hat der Außen noch eine ganz besondere Rarität im Angebot: den gelöffelten Ball (neudeutsch: gechippt). Dazu wird mit dem Fuß unter den Ball gepackt und dieser zur Überraschung aller Mitspieler einfach mal spontan vorn reingelöffelt. Vorzugsweise aus dem Halbfeld, alternativ aber auch von überall anders, ob es Sinn macht oder nicht.

Eine linke Klebe, für die eigentlich ein Waffenschein ausgestellt werden müsste

Auch wenn er alles andere als ein Torjäger ist, ab und zu findet auch er ein Korn und trifft dann doch mal. Meist aus zwei verschiedenen Situationen.

Situation 1, durch einen Freistoß, eine absolute Spezialität des äußeren Mittelfeldspielers: Er hat einen Schuss wie ein Gaul, normalerweise müssten die Sicherheitsinstitutionen in Deutschland einen Waffenschein dafür ausstellen. Bei seinen Freistößen in die Mauer? Gott bewahre, ein solcher Gang könnte sämtliche Familienplanungen zerstören. Die Angst der Gegner ist ihm bekannt, was ihn nicht davon abhält, den Todesstrahl erst recht auf die armen Jungs in der Mauer zu richten. Mit zwei Zielen: Erstens, um nach dem Motto „beim nächsten Mal hält da keiner mehr sein Körperteil rein" für klare Verhältnisse zu sorgen. Und zweitens, damit das Ding im besten Fall von einem Schienbein, Arsch oder Rücken abgefälscht wird und im Tor landet. Egal ob dann jemand den Ball berührt oder nicht, an Geschwindigkeit büßt dieser ohnehin kaum ein, so oder so kommt er immer noch mit wahnwitzigwitziger Geschwindigkeit auf den Torwart zu.

Situation 2, aus vollem Lauf: Der Vollspannexperte fasst sich im Rausch der Geschwindigkeit ein Herz und reißt spontan aus der kalten Hose einfach mal einen ab. Hop oder top, Sekt oder Selters, barfuß oder Lackschuh. „Einfach mal draufhalten, entweder geht er in den Winkel oder ins Nachbardorf, is' mir dann auch scheißegal!" So viel Mut wird gelegentlich belohnt, der Ball schlägt tatsächlich oben rechts ein! Aber so schön der Torerfolg für das Team auch ist, insgeheim wünschen sich seine Mitspieler im Nachhinein dann doch, dass es niemals passiert wäre. Er ist nämlich dieser eine Spieler, der anschließend noch Jahre später jedem davon erzählt. „Weißte noch, wie ich damals die Linie entlang marschiert bin und dann einfach mal draufgewichst habe? Geil, wie ich das gemacht habe, oder?" Ob Mitspieler, Familienangehörige, Vereinswirt oder streunende Katzen – jeder kennt die Geschichte, hat sie schon tausende Male gehört und ist nur noch angenervt, wenn sie mal wieder angestimmt wird …

DER ZENTRALE DEFENSIVE MITTELFELDSPIELER:

Die Älteren der Leser werden sich vielleicht noch an ihn erinnern können, den Vorstopper. Zu seiner Zeit galt er als erfolgreicher Jäger und Sammler, der Sonntag für Sonntag gnadenlos seine Gegner gejagt und als Folge dessen gelbe oder auch mal rote Karten gesammelt hat. Er turnte vor dem Libero und den Manndeckern rum und kofferte so ziemlich alles weg, was sich ihm in den Weg stellte. Und wenn er den Ball dann mal hatte, wurde dieser, so weit weg es ging, bis in ein anderes Postleitzahlengebiet geballert. Sehr zur Freude einiger Zuschauer. „Endlich mal einer, der klare Dinger hinten rausspielt." Der Vorstopper ist irgendwann rund um die Jahrtausendwende ausgestorben. Aber wo sich eine Tür schließt, da öffnet sich eine andere und so erblickte ersatzweise der defensive Mittelfeldspieler das Licht der Welt.

Von Natur aus auf Krawall gebürstet!

Die ballerobernde Passmaschine ist quasi der Nachfolger des Vorstoppers, die Stellenbeschreibung ist in vielerlei Hinsicht identisch. Zumindest in der Defensive. Auch er hat die Aufgabe, so viel wie möglich vor der Abwehr abzuräumen und sie somit zu entlasten. Mit allen zur Verfügung stehenden Mitteln. Das heißt, er ist in der Art und Weise, wie er seine Abwehrarbeit verrichtet, äußerst flexibel.

Eines ist dabei aber klar: Es gibt weder Kompromisse noch werden Gefangene gemacht, internationale Härte eben. Alles, was dem eigenen Tor in irgendeiner Weise gefährlich werden könnte, wird im Stile seines raubeinigen Vorgängers rigoros abgegrätscht, gebodycheckt oder pressgeschlagen. Wenn er gut drauf ist, langt er auch völlig spontan und ohne erkenntlichen Grund zu. Entweder weil er als geborener Aggressive-Leader von Natur aus auf Krawall gebürstet und mit einer beeindruckenden Grundaggressivität ausgestattet ist, oder um einfach mal ein Zeichen zu setzen und ein bisschen Zwietracht zu sähen, was dann für rege Diskussion sorgt.

Die einen Zuschauer: „Schon wieder der 6er, der hat schon Gelb!“

Die anderen Zuschauer: „Wie oft denn noch?“

Der Mitspieler des Gefoulten: „Wir müssen morgen alle wieder arbeiten!“

Der Kamerad des Übeltäters: „Der steht doch schon wieder! Und außerdem, wo musst DU morgen bitteschön arbeiten?“

Der Übeltäter selbst: „Ich spiele nur den Ball!“ Um dem Gefoulten noch hinterher zu bölken: „Der lacht doch!“

Bei der Gelegenheit bekommt auch dessen Mitspieler gleich noch sein Fett weg: „Was willst du denn, hä?“

Irgendwann beendet der Schiedsrichter die Diskussion: „ICH pfeife!“

Anschließend hacken beide Teams auf dem Schiedsrichter rum.

Ein beliebtes Mittel: Flugball spielen und dann den Namen desjenigen schreien, der in der Nähe des Landeortes steht

Der 6er ist also jederzeit mitten im Geschehen, sowohl sportlich als auch verbal. Im Gegensatz zum Vorstopper damals ist er aber auch offensiv engagiert. Im Spiel nach vorn ist er eine Art Zehner, nur etwas weiter hinten. Er versucht, sich im Spielaufbau zu integrieren, was nicht immer gelingt, zum Beispiel, wenn die Abwehrspieler hinter ihm lieber den langen Hafer bevorzugen. Somit kommt er sich vor wie an einer Flughafenlandebahn, auch dort schweben die Objekte regelmäßig links und rechts über einen hinweg. Wenn er den Ball dann doch mal bekommt, schärft er seine sieben Sinne und versucht gekonnt, seine Mitspieler in Szene zu setzen. Ab und zu mit einem feinen Pass in die Tiefe, dies aber eher selten. Besser kommt dagegen der „Diago“, hinter vorgehaltener Hand auch Lotterieball genannt. Das Ding funktioniert so:

Stufe 1: Prüfender Blick in die Tiefe, so weit der Blick reicht.

Stufe 2: Der Ball wird sanft vorgespielt, das Standbein ist leicht gebeugt, während das Schussbein ausholt.

Stufe 3: Der Ball wird geschlagen, das Schussbein schwingt anschließend durch.

Stufe 4: Prüfender Blick, dem Ball hinterher.

Stufe 5: Der ungefähre Landeort des Balles wird bestimmt.

Stufe 6: Die Spieler in der Nähe des ungefähren Landeortes werden ausgemacht.

Stufe 7: Der Name des Spielers, der sich letztendlich am nächsten in der Nähe des Landeortes befindet, wird mit 1000 Dezibel gerufen. „STEFAAAAAAAAN!“

Und wehe, der völlig verdutzte Stefan macht sich nicht sofort auf die Reise und eilt zum Ball. Dann gibt’s nämlich gleich den passenden Kommentar hinterher: „VORHER loslaufen und nicht erst, wenn der Ball gespielt ist!“ Schuld ist also definitiv der Andere, am Sechser kann es unmöglich gelegen haben.

Ein Lotterieball hat für ihn aber noch einen weiteren Vorteil: Selbst wenn das Spielgerät nicht bei einem der Mitspieler ankommt, so ist er erstmal relativ weit weg, der Fehlpässliche muss ihn also nicht gleich selbst zurückerobern. Hat also noch etwas für sich.

Für uns ist die Person des Sechsers total besonders: Er ist in seiner Mannschaft fußballerisch einer der Besseren und kann einen gepflegten Ball spielen. Genauso gut kann er aber auch mal dazwischen kloppen, sowohl verbal als auch nonverbal. Zuschauer sollten sich also freuen, wenn ein markiger Sechser auf dem Platz steht. Langweilig wird es mit ihm auf jeden Fall nie …

DER ZENTRALE OFFENSIVE MITTELFELDSPIELER:

Der Filigrane, oft symbolisch mit der Nummer 10 ausgestattet. Er hätte definitiv mal höher kicken MÜSSEN, bei all diesen grandiosen Qualitäten. Sein Markenzeichen: Ein fantastisches Auge, ausgestattet mit dem 360-Grad–Blick. Die Ballführung ist geschmeidig bis elegant, seine Flugbälle genau getimed und die Pässe spielt er mit Zucker und absolut tödlich, früher in die Tiefe, heutzutage in die Schnittstelle. Alternativ in den Fuß oder in den Lauf, je nachdem, was gerade am gewinnbringendsten ist. Jederzeit mustergültig und mit der angebrachtesten Passschärfe. Er ist der absolute Dreh- und Angelpunkt seines Teams, zieht das Spiel auf und lenkt es, als ob er seit seiner Geburt noch nie etwas anderes gemacht hätte. Gekonnt schlägt er Haken, vernascht seine Gegenspieler und lässt sie galant ins Leere laufen. Eine Augenweide. Ohne ihn geht nichts. Gar nichts! „Gibt es hier irgendwen, der mir das Wasser reichen kann?"

Sein Schuhwerk: Copa Mundial oder bunte Plastiktreter mit Initialen. Dazu farblich abgestimmte Stutzenhalter.

So viel zu seiner eigenen Einschätzung und der Theorie, die Wahrheit sieht leider oft ganz anders aus, des Öfteren sogar sehr traurig: Seine Ballannahme hat den Namen nicht verdient, die gespielten Pässe sind entweder alibimäßig oder kommen überall an, nur nicht beim Mitspieler. Zweikämpfe führt er generell höchst ungern, Grätschen ist ihm zuwider, er könnte ja schmutzig werden oder sich dabei verletzen. Defensivarbeit ist nicht zuletzt deshalb eher etwas für das Fußvolk. Häufig ist seine gesamte Spielweise mehr Schein als Sein, brotlose Kunst würde Marcel Reif das Ganze nennen. Aber Hauptsache, die ehrwürdigen Copa Mundial oder die neuesten bunten Plastikpuschen mit eingestickten Initialen an. Dazu werden noch farblich abgestimmte Stutzenhalter und wahlweise ein Schweißband zur Schau getragen. Bei langer Mähne noch ein Haarband, ist gut für die Optik.

Es spielen für Sie: die Mitspieler
des 10ers & die Zuschauer
Sie hören: ein Konzert der Ungeduld

Okay, wollen wir mal nicht ganz so hart sein. Zugegeben, rein fußballtechnisch ist der offensiv zentrale Mittelfeldspieler tatsächlich besser als die meisten seiner Kameraden. Das Problem an der Sache: Er weiß das auch, fühlt sich dadurch teilweise wichtiger als seine Mitspieler und sogar zu Höherem berufen. Die Folge: Immer wieder braucht er eine Extrawurst oder macht einfach mal ungefragt sein eigenes Ding. Das Ergebnis: Frust sowohl bei den Mitspielern als auch bei den eigenen Zuschauern, der in einem schallenden Konzert der Ungeduld mündet: „Jetzt spiel den scheiß Ball endlich ab!", oder „Beweg endlich deinen Arsch nach hinten!" Solche Sätze stehen leider regelmäßig auf der Tagesordnung.

Bei allem Talent, das vielen seiner Mitspieler leider nicht gegeben wurde, ist er so für sein Team Fluch und Segen zugleich. Natürlich kann er mal ein Spiel mit einem Solo entscheiden oder einen schönen Freistoß rechts oben rein streicheln, aber genauso kann er seine Mitspieler auch zur Weißglut bringen, indem er sich in Dribblings verrennt, den besser postierten Mitspieler geflissentlich ignoriert oder mal wieder nicht zum Training erscheint und einen Grund dafür nennt, den niemand nachvollziehen kann und will. Dass das alles nicht sonderlich fördernd für das Team ist, ist ganz klar. Und so muss er hin und wieder von seinem Planeten heruntergeholt und dran erinnert werden, dass er nicht ganz grundlos in der Kreisliga herumvegetiert.

Trotzdem geht es nicht ohne ihn, denn sonst würde das eigene Spiel nur noch aus langen Peitschen von hinten bestehen oder die Stürmer könnten keinen Ball mehr sehen, da das Spielgerät es nicht bis nach vorne schafft. Und so werden gewisse Eigenarten des 10ers in Kauf genommen, immer in der Hoffnung, er zahlt es mit Leistung zurück. Was er aber, das muss man fairerweise zugeben, dann auch in vielen Spielen macht …

DER STÜRMER:

Stürmer zu sein, ist eine fabelhafte Sache, solange der Stürmer seinen Job auch beherrscht. Hütten machen, sich feiern lassen und am nächsten Tag mit Foto in der Zeitung stehen, geilomat. Im Gegensatz zu anderen Positionen, auf denen sich die Spieler in der Regel relativ ähnlich sind (z. B. die Langen hinten drin), besteht die Spezies Stürmer aus verschiedenen Typen. Als da wären …

Der Geist steht 89 Minuten nur blöd rum – und dann plötzlich dort, wo ein Stürmer stehen muss!

… der Geist: Bei ihm fragen sich Zuschauer, Trainer und Mitspieler, ob er überhaupt mitspielt. Zu selten wird er im Spiel gesichtet, dran teilnehmen tut er schon mal gar nicht. Pausenlos steht er rum, bewegt sich höchstens mal wie Schmidtchen Schleicher mit unterdurchschnittlicher Geschwindigkeit von A nach B, um dann irgendwann ohne Vorwarnung aus dem Nichts aufzutauchen, sich die Pille zu schnappen und das Ding völlig humorlos wegzumachen. O-Ton vom Trainer: „Er steht halt da, wo ein Stürmer stehen muss. Das kannst du nicht lernen, das ist angeboren." Ist der Geist in der gegnerischen Hälfte schon kaum sichtbar, so geht die Wahrscheinlichkeit, ihn mal in der eigenen Hälfte bei der Abwehrarbeit zu sehen, gen Null. Muss aber auch nicht, solange er regelmäßig vorne einnetzt, ist alles gut.

Der Bullige –
zieht nebenbei noch in Österreich LKW und schmeißt Bäume

… der Bullige: Er geht dahin, wo es wehtut, aus gegebenem Anlass wird er oft mit den Spitznamen Kopfballungeheuer oder Strafraumstürmer ausgestattet. Der Brecher ist technisch arg limitiert, weiß seinen wuchtigen Körper dafür gekonnt einzusetzen und verfügt über so viel Kraft, dass er auch in Österreich LKW ziehen und Baumstämme schmeißen könnte. Er schießt nicht einfach nur, nein, er lädt durch und feuert ab. Zwischendurch grätscht er noch mit unbändiger Kraft in flache Hereingaben und schmeißt seine (mindestens) 90 kg ohne Rücksicht auf Verluste in jede noch so schlechte Flanke – immer in der Hoffnung, das Teil irgendwie abzubekommen und somit ins Tor zu befördern. Im Gegensatz zu vielen Stürmerkollegen ist er aber auch sehr mannschaftsdienlich. Hinten hilft er aus, vorn verlängert er langgeschlagene Bälle oder legt sie uneigennützig auf nachrückende Spieler ab, wenn denn mal einer nachrücken sollte.

… der Wühler: Körperlich ab und zu etwas untersetzt, macht er seinem Namen alle Ehre und wühlt sich wie ein Maulwurf durch die Sechszehnmeterräume der Liga. Hat er den Ball mal am Fuß, streckt er sofort den Arsch raus, um sich anschließend zu drehen und schnellstmöglich abzuschließen. Der Blick ist dabei unten, wo das Tor steht, ist ihm in diesem Moment unbekannt, und auch die unzähligen Beine, die im Weg stehen, lassen ihn kalt. Es MUSS abgeschlossen werden: Ob mit der Pieke, Hacke oder volley, sein Torerzielungsrepertoire kennt keine Grenzen, alles, was erfolgsbringend erscheint, wird ausprobiert. Und so werden die Bälle eher reingestochert oder reingelogen als bilderbuchhaft versenkt. Aber egal, Tor ist Tor.

… der Ausgekochte: Der Ausgekochte, oder auch das Schlitzohr, ist ein Mann für die nicht ganz alltäglichen Tore. Nicht selten sind nicht seine Mitspieler die Vorlagengeber, sondern der Gegner. Natürlich ungewollt. Er lauert wie ein Raubtier auf schlecht bis katastrophenhaft gespielte Bälle, wie zum Beispiel Rückpässe zum Keeper. Mies angenommene Bälle der verdutzten Abwehrspieler attackiert er und schleicht bei Abschlägen leise hinter dem Keeper rum, um diesem den Ball nach Möglichkeit zu stibitzen. Somit haben seine Tore, so wertvoll jedes Einzelne ist, auch immer etwas von Slapstick. Sehr zum Leidwesen der Gegner, denn diese begünstigen das ganze Spektakel und gucken anschließend blöd aus der Wäsche.

Der Ausgekochte ist auch ein wahrer Schlaufuchs, wenn es darum geht, sich bestimmte Situationen zu Nutze zu machen. Jeden Körperkontakt, egal ob vor oder im Strafraum, nimmt er zum Anlass, einzufädeln und so einen Freistoß oder Elfer rauszuholen. Anschließend schießt er ihn natürlich höchstpersönlich und bessert so – im Sinne der Torprämie – sein Trefferkonto auf. Auf diese Art wird auch schnell mal ein Doppelpack geschnürt oder sogar ein Hattrick erzielt. Cleverer Typ eben.

Der Chancentod – hier ist der Name Programm!
Spiel für Spiel, Woche für Woche, Saison für Saison

… der Chancentod: Keiner weiß so wirklich, warum er im Sturm spielt. An seiner Trefferquote kann es kaum liegen, er trifft höchstens alle Lichtjahre mal. Während selbst der Innenverteidiger mal einen wegmacht, schießt der Chancentod Spieltag für Spieltag daneben, drüber oder den Torhüter an. Im Idealfall spielt er den Ball vor dem Tor zu einem seiner Mitspieler, die können es in der Regel nämlich allesamt besser.

Bis auf den Chancentod haben alle Stürmerarten etwas für sich. Bei allen zappelt der Ball regelmäßig im Netz und darauf kommt es letztendlich ja auch an. Wir, als Freunde vieler Tore, wünschen an dieser Stelle weiterhin „Gut Schuss" …

2.2: Neben dem Platz

Fußballer gibt es am Spieltag natürlich nicht nur auf dem Platz, sondern auch am Spielfeldrand. Hauptsächlich Reservespieler, Spieler mit Verletzungspech, Wochenend-Opfer oder Übeltäter, die ihre Gelb- oder Rotsperre absitzen. Obwohl sie nicht aktiv am Spiel teilnehmen, so gehören sie selbstredend genauso dazu wie die Akteure auf dem Feld. Wir werfen schnell mal einen Blick auf die betreffenden Personen:

DIE RESERVESPIELER:

Aus Solidarität und der Fairness halber beginnen wir mit dem Rest vom Fest, was die aktiven Fußballvirtuosen angeht, nämlich den Spielern, die zwar auflaufen könnten, aber erstmal auf der Bank sitzen müssen. Grundsätzlich gilt natürlich auch im Amateursport: Jeder will sonntags auf dem Platz stehen und spielen. In vielen Clubs klappt dies auch und jeder kommt zum Zug. Nicht weil sie beliebig hin- und herwechseln können, sondern weil ohnehin nicht mehr als 14 Mann anwesend sind. Oft sogar weniger und so stellt sich das Team von selbst auf. Im Idealfall sind jedoch mindestens drei Reservespieler am Start. Blöd für sie, weil sie nicht von Anfang an ran dürfen, aber gut für den Trainer, er hat so einige Optionen mehr. Die Gründe, warum Spieler nicht in der Startelf stehen, sind im Kreisligasport vielfältig. Der Gängigste: Es konnte in der Woche nicht am Training teilgenommen werden. Zum Beispiel aufgrund von Lernerei für eine Klausur, wegen beruflicher Verpflichtungen, durch Krankheit/Verletzung oder als Folge von akuter Unlust. Es muss aber nicht unbedingt an der Trainingswoche liegen. Stress mit dem Trainer, zu viel Alkohol am Samstagabend oder das gute alte Verpennen kommen auch mal vor. Vielleicht ist manch einer aber auch, so hart das jetzt klingen mag, einfach zu schlecht. Hobby hin oder her, auch in den Kreisligen ist Fußball irgendwo ein Ergebnissport und so sitzen die Schlechten in der Regel auch öfter draußen als die Guten.

Erstmal nur auf der Bank: Einige sind froh drüber, anderen ist es egal und wiederum andere ziehen eine ordentliche Fresse

Aufgrund der oben genannten Gründe kann auch die Stimmung der einzelnen Ersatzspieler (wenn es welche gibt) mit der Verkündung in der Kabine grundverschieden sein. Der eine ist insgeheim froh, erstmal chillen zu können. Der andere findet es nicht so pralle, kann aber damit leben und verhält sich als Teamplayer, während der ganz andere die Entscheidung a.) überhaupt nicht nachvollziehen kann, es b.) richtig zum Kotzen findet und c.) sich deshalb dazu entschließt, für die nächsten Stunden eine übelste Fresse zu ziehen.

Aber die Entscheidung ist gefallen. Pulli oder Jacke plus lange Hose an und raus zum Warmmachen, aber nicht für alle. Jedes Heimspiel erwischt es, vorausgesetzt, das eigene Team verfügt über einen Asche- oder Naturrasenplatz und hat keine fleißigen Hände in Form eines Platzwartes, oder drei bis vier Bemitleidenswerte, die ganz besonders verhasste Aufgaben verrichten müssen: Abstreuen / abkreiden und Tornetze aufhängen. Gemeint ist das Abfahren der durch Witterung oder vorherige Spiele verblassten Linien, die nun mit Hilfe des Kreidewagens erneuert werden müssen. Und als ob die Arbeit nicht schon scheiße genug wäre, sind anschließend auch noch die neuen Fußballschuhe versaut. „Unnötig!" Während des Abstreuvorgangs, der auch mal das Aufwärmen, zum Beispiel das des Torwarts, im 16er unterbricht, machen die restlichen Ersatzspieler irgendwo, wo noch Platz ist, ihr eigenes Ding. Entweder wird ein bisschen mit dem Ball herumgealbert oder der Torhüter warmgeschossen. Wobei der Schütze nicht selten mehr davon hat als der Keeper, denn er hat viel mehr Bock, geile Hütten zu machen, als den Torhüter auf Betriebstemperatur zu bringen. Und so wird schön der Winkel anvisiert, um ein Tor wie im Fernsehen zu erzielen. Ach ja, der Angepisste, der seine Reservistenrolle nach wie vor nicht nachvollziehen kann, macht auf dem Platz übrigens gar nichts. Erst hängt er ein wenig in der Kabine ab und kommt dann auch nur raus, um mit Zuschauern zu quatschen oder sich direkt auf die Bank zu schmeißen und dort etwas rumzumerkeln. All das natürlich weiterhin Fresse ziehend.

Das Warm-up: 3 – 4 Mal hin- und herlaufen, danach geht es in eine Dehnposition, in der man das Spiel bestmöglich sieht

Kurz vor Spielbeginn, ungefähr zeitgleich mit der Begrüßung, eine regelmäßig wiederkehrende Aufforderung an einen der Reservisten: „Die Linienrichterfahne muss noch rüber! Und bring denen mal ein paar Pullen Wasser!“. Mit „denen“ ist das gegnerische Team gemeint, das dann gönnerhaft für alle Spieler insgesamt mit zwei, maximal drei Flaschen Wasser ausgestattet wird. Zwei Mal gehen ist zu viel verlangt, eine halbe Kiste schleppen auch! Mitunter gibt es für die passiven Aktiven auch während des Spiels diverse Aufgaben zu erledigen. Beispielsweise wenn der Ball über den Zaun gedroschen wurde. Zeitgleich mit der Überquerung des Grenzhinder-

nisses ertönt es auf der Bank: „DU bist dran mit Ballholen!“, was energisch mit einem: „Wieso ich schon wieder, ich hab eben erst geholt!“, gekontert wird. An manchen Sportplätzen ist allerdings Eile geboten, fliegt der Ball Richtung Straße, soll es auch schon den ein oder anderen Autofahrer gegeben haben, der sich das Ding fix eingesackt hat und mit quietschenden Reifen davongebraust ist. Bei einer Landung des Spielgerätes in fließendem Wasser sollte man sich auch nicht zu lange Zeit lassen.
Zusätzlich fallen noch einige kleinere Aufgaben an: „Gib mal die Wertsachentüte!“ oder „Nimm du mal bitte kurz die Fahne!“ Viele Dinge also, die keinen Wahnsinnsaufwand bedeuten, auf die man aber trotzdem keinen Bock hat. Wozu sich die Reservespieler allerdings durchgängig berufen fühlen, ist die verbale Begleitung des Spiels, hier bringen sie sich jederzeit gern ein: Anfeuern der Mitspieler, Anzweifeln von Schiedsrichterentscheidungen und Anmaulen von Gegenspielern – Das muss sein! Irgendwann im Spielverlauf gibt es dann die Wichtigste aller Handlungsanweisungen vom Trainer: Im Normalfall: „Christian, mach dich warm!“ Ist das Spiel der eigenen Mannschaft mal unterirdisch, wird der Ton rauer: „ALLE warmmachen!!!“ Muss mal spontan gewechselt werden, ertönt hektisch ein „Jacke aus, wir wechseln. JETZT!“

Das Warmmachprogramm findet in der Regel hinter dem eigenen Tor statt. Drei, vier Mal auf und ablaufen, danach wird sich leicht gedehnt. Minutenlang.

Nicht weil der Körper das unbedingt in solch einer Dauer braucht, sondern weil sich das Spiel aus dieser Position einfach besser weiterverfolgen lässt. Nach einer bis siebzig Minuten Warm-up ist es dann irgendwann soweit, Einwechslung …

DIE VERLETZTEN:

Wenn wir von verletzten Spielern sprechen, müssen wir zwischen wirklich verletzt, scheinbar verletzt oder ganz sicher nicht verletzt unterscheiden. Die Worte „Ich kann nicht, ich bin verletzt" sind mit äußerster Vorsicht zu genießen, da sie hin und wieder nicht ganz der Wahrheit entsprechen. Gehen wir ein bisschen tiefer rein in die ganze Materie: Wirklich verletzt ist derjenige, bei dem es offensichtlich ist, dass etwas nicht stimmt. Dies muss nicht gleich ein offener Bruch oder eine ausgekugelte Schulter sein. In der Regel kann jedoch relativ oft grob abgeschätzt werden, ob die Verletzung eher größerer Natur, relativ normal oder irgendwie gar keine ist. Bei scheinbaren Verletzungen ist die Beurteilung schon deutlich schwieriger. Von „Irgendwas ist da auf jeden Fall" über „Da könnte schon was sein" bis „Eigentlich müsste es aber gehen" ist alles möglich. Verletzungen, die den Namen gar nicht verdient haben und die auch keine sind, können wiederum genauso einfach diagnostiziert werden wie schlimmere Körperbeschädigungen. Meist ereilen sie ohnehin immer die gleichen Pappenheimer, von denen bekannt ist, dass sie entweder keinen Bock haben oder einfach mal wieder auf den Arm wollen.

Was früher ein stinknormaler Bänderriss war, ist heute ein Syndesmoseriss

Eine Sache rund um das Thema Verletzungen hat sich im Laufe der Jahre im Kreisligaalltag allerdings geändert: Nicht dass es nicht schon früher Spieler gegeben hätte, die ihre Beschwerden selbst untersucht und anschließend eine total übertriebene Selbstdiagnose gestellt haben. Und auch damals schon wurden offensichtlich komplexe Verletzungen nicht vom Spezialisten, sondern vom Landarzt behandelt, mal eben zwischen dem Patienten mit Husten/Schnupfen/Heiserkeit, der alten Frau mit Bluthochdruck und dem pubertierenden Mädchen, das sich ein Attest für den Sportunterricht ergaunerte. Nein, das gab es schon immer und dies wird sich auch in Zukunft nicht ändern, genauso wenig wie die gute alte Pferdesalbe oder Finalgon (das man niemals an bestimmte Stellen schmieren sollte) als Allheilmittel. Jedoch hat sich etwas bei der Namensfindung getan. Heute wirkt alles ein bisschen, na, sagen wir mal, dramatischer: Bänderriss, Prellung und Zerrung sind out, heute wird an einem Syndesmoseriss, einer Kontusion inklusive Ödem oder an einer Distension, ebenfalls gepaart mit einem Ödem, gelitten. Oha, klingt alles drei schwer nach Saisonaus. In Wahrheit sind die Verletzungen nicht anders als vor 20 Jahren, sie klingen mittlerweile nur spektakulärer und sorgen höchstens für etwas mehr Aufmerksamkeit und Anteilnahme. Übrigens: Nicht nur die Verletzungen haben heutzutage mehr Fremdnamen, auch an anderen Stellen auf dem Feld klingt es viel exotischer. Früher hatte der Stürmer einen ganz normalen Torriecher, heute antizipiert er. Und ist der Mittelfeldspieler damals einfach nur zurückgelaufen, so kippt er heute diametral ab. Dies aber nur mal so am Rande.

Ob nun ernsthafte Verletzung oder Phantomschmerzen, an Spieltagen fehlen immer wieder Spieler aufgrund einer Blessur. Trotzdem kommen die meisten von ihnen teamplayerhaft zum Sportplatz. Der Spieltagsablauf von verletzten Spielern gleicht in vieler Hinsicht dem der Reservespieler, nur dass sie sich nicht umziehen müssen und auch nicht eingewechselt werden. Diejenigen, die es ganz ernst meinen, sind sogar schon zum Treffen dabei und sorgen für moralische Unterstützung. Sie sind Kumpeltypen und haben einen Hals ohne Ende, weil sie nicht mitwirken können. Andere sehen das deutlich entspannter, warum sollen sie bereits zum Treffen kommen, ist doch eh uninteressant für sie, was dort erzählt wird. Also hängen sie lieber noch ein bisschen zu Hause ab, bevor sie sich in aller Seelenruhe zum Sportplatz aufmachen und sich pünktlich mit dem Anpfiff oder sogar erst mitten im Spiel die Ehre geben. Im Sommer auch mal Eis schleckend. Wenigstens zeigen sie sich dann loyal dem Team gegenüber und nehmen bei den Reservisten Platz.

Ihr Vorteil gegenüber diesen: Sie dürfen auch ruhig mal das Handy zücken, entweder um das Postfach zu checken, ein bisschen zu zocken oder um den Liveticker zu machen. Zwischendurch wird sich eine Coke, ein Bierchen oder eine Brat geholt.

Sehr sehenswert: Der Linienrichter aus dem eigenen Team. Manch einer hat sogar zwei Fahnen, aber nur eine in der Hand

Was sie genauso häufig machen wie die Auswechselspieler? Dinge reinrufen. Manche wollen damit helfen, andere einfach pöbeln. Von außen dicke Backe haben und klugscheißen kann schließlich jeder. Für dieses Vergnügen müssen sie im Gegenzug aber auch etwas tun, sofern sie keine Krücken oder einen Gipsfuß mit sich herumschleppen. Im schlimmsten Fall bekommen sie die Linienrichterfahne in die Hand gedrückt. Hatten sie Stunden vorher noch richtig Spaß am Glas gehabt und wurden vollends vom Alkohol eingenommen, verfügen sie auf einmal sogar über zwei Fahnen.

DIE VERHINDERTEN:

Sie tauchen am Spieltag leider nicht am Sportgelände auf und glänzen somit gänzlich mit Abwesenheit. Das kann die verschiedensten Gründe haben: Bei Krankheit und Fieber hat niemand etwas am und noch weniger auf dem Sportplatz zu suchen. Erstens ist das Ganze gesundheitlich nicht ganz ungefährlich für die betreffende Person und zweitens muss man zu allem Überfluss ja nicht noch andere anstecken. Der Grund „Krankheit“ ist also, sofern er stimmt und nicht nur als billige Ausrede dient, völlig in Ordnung und jeder hat Verständnis dafür.

Der absolute Klassiker: „Ich kann Sonntag nicht, meine Oma hat Geburtstag“

Es gibt aber auch Begründungen, die zumindest einer kleinen Diskussion bedürftig sind. Eine Ausrede, die in jeder Kreisligatruppe schon gebracht wurde: „Ich kann Sonntag nicht, meine Oma hat Geburtstag.“ Auf jeden Fall soll daran teilgenommen werden, so hart es klingt, denn wer weiß, wie viele Feierlichkeiten für die Großmutter noch kommen. Und überhaupt ist das Familienleben sehr wichtig. Aber vielleicht könnte man ja mal für zwei Stunden kurz weg, notfalls getarnt als ausgedehnter Spaziergang? Am Rande: Was bei dieser Ausrede etwas stutzig macht, ist die folgende Frage: „Hatte die Omi vor ein paar Monaten nicht schon mal Geburtstag???“ Ein Schelm, wer Böses dabei denkt. Ansonsten ist in Sachen Familienfeiern noch das Thema Kommunion sehr umstritten. Für den Trainer ist der weiße Sonntag der schlimmste Tag im Jahr, zum Glück kommt er nur ein Mal pro Saison vor.

Und dann gibt es noch Ausreden, die kaum jemand nachvollziehen kann und die regelmäßig für Kopfschütteln sorgen, sowohl beim Coach als auch bei den restlichen Spielern. Zum Beispiel die des verliebten Pantoffelhelden, der am Wochenende erstmal schön mit seiner Perle nach Hamburg jettet, um dort ein Wochenende bei Kerzenschein zu verbringen. Es sei den beiden ja gegönnt, aber hätte das Schäferstündchen nicht auf ein spielfreies Wochenende gelegt werden können? Noch schlimmer ist derjenige, der am Spieltag plötzlich verschollen ist. Nachts auf der Party noch im Scheinwerferlicht gedanct, weiß nun jeder, „der hat zu viel geballert und liegt noch kurz vor Belgrad!“ Und auch das Pauken für eine Klausur ist ein zweischneidiges Schwert. Jeder soll für seine Ausbildung etwas tun, ganz klar. Wenn der Termin für die Klausur jedoch schon Wochen vorher feststeht, könnte das Lernen vielleicht im Vorfeld etwas besser organisiert werden.

Falls die Fahrt zu weit ist, entwickeln einige auch mal eine Heim/Auswärts–Schwäche

Zu guter Letzt hier noch ein super Grund, der schon so bescheuert ist, dass sich eigentlich darüber kaputt gelacht werden müsste, wenn er nicht so traurig wäre, nämlich die Zeitumstellung: Ein Mal im Jahr schaffen es immer wieder Leute, das Spiel zu verpassen, weil sie eine Stunde zu spät beim Treffpunkt zum Auswärtsspiel erscheinen. „Ich konnte nicht hinterherkommen, hatte kein Auto da.“

Mit welcher Begründung auch immer, Fakt ist, dass es viele Spiele in einer Saison gibt, in denen verschiedene Fußballer nicht anwesend sind. Aber okay, Kreisligafußball ist halt Hobby und nicht der Beruf. Alles gut also, solange die zweifelhaften Abwesenheiten nicht Überhand nehmen.

DER TRAINER:

Neben den Spielern ist der Trainer eines Teams einer der weiteren absoluten Eckpfeiler in der Fußballszene. Trainer in der Kreisliga sind ohne Zweifel eine ganz besondere Spezies. Im Gegensatz zu Jugendtrainern erhalten Trainer, die sich mit Erwachsenen herumschlagen, in der Regel monatlich ein paar Euro für ihre Arbeit. Parallelen zwischen Junioren und Senioren gibt es trotzdem: Bespaßt werden wollen alle gleich. Diese Aufgabe ist Sache des Übungsleiters. Er kann in seiner Art autoritär, kumpelmäßig, ruhig und sachlich oder hypernervös und cholerisch sein. Seine Kleidung: Sportlich im Trainingsanzug, lässig in Jeans und Sneakers oder äußerst adrett, als ob gerade ein Champions-League-Spiel anstünde. Kurz gesagt, jeder Coach ist ein Fall für sich. Einige Strategen wollen wir hier kurz vorstellen. Sicher kann während der nächsten Absätze der ein oder andere Coach aus der Gegend wiedererkannt werden ...

Der Ambitionierte: Wehe, wenn ein Ambitionierter auf eine untere Amateurmannschaft losgelassen wird. Diese Art von Trainer kann den ganzen Laden ordentlich aufmischen. Der Ambitionierte ist dermaßen motiviert, dass weder Vorstand noch Spieler mit seinem Tempo Schritt halten können. Er würde den Trainerjob am liebsten hauptberuflich machen, das ist genau das, was ihm Spaß macht. Nichts wird dem Zufall überlassen, jede Trainingseinheit penibel vor- und nachbearbeitet, kommende Gegner akribisch ausspioniert und der Spieltag minutiös geplant. Wenn es nach dem Ambitionierten ginge, würden seine Spieler genauso professionell arbeiten wie er selbst. Nicht erst an diesem Punkt klaffen Realität und Wirklichkeit dann leider meilenweit auseinander. Mit der Zeit ist der Ambitionierte dann entweder total desillusioniert, gefeuert, weil es den Spielern zu viel geworden ist, oder reif für die Klapse.

Der Neue: Er ist, wie der Name schon sagt, neu im Geschäft. Meist noch relativ jung, oft ein ehemaliger Spieler. Nicht ganz selten wird er von heute auf morgen ins kalte Wasser geworfen, etwa durch den Rausschmiss des bisherigen Trainers oder dessen freiwilligen Abgang, weil dieser die Mannschaft nicht mehr erreicht. Für den Neuen gilt es nun, einen Spagat zu schaffen. Vom Spieler, der die Übungen mitgemacht hat, zum Trainer, der sie ab sofort vorgibt. Von einem, der einer unter vielen war und nun die ganze Truppe zu verantworten hat. Und vom Kumpel zur Respektsperson, ohne dass seine Jungs den Spaß an der Sache verlieren. Und natürlich sollen sie ihn auch weiterhin mögen. Die Metamorphose vom Spieler zum Trainer ist also nicht ganz einfach, einige Neue meistern sie sehr gut, andere eher weniger bis gar nicht.

Der Ewige: Auch hier ist der Name Programm. Er geht mittlerweile in seine 12. Amtszeit und wenn es so weitergeht, hat er sowohl einen Spieler als auch dessen Sohn trainiert. Der Ewige ist ein absoluter Dauerbrenner, kennt Verein, Team und Liga wie kein anderer und macht einen guten Job. Sein Erfolgsrezept: Er schaut hin und wieder über den Tellerrand hinaus, hält sich in Sachen Fußball permanent auf dem neuesten Stand und ist auch so ein dufter Typ, mit dem jeder gut klarkommt. Der Ewige ist lange genug im Geschäft, um zu wissen, dass Fußball etwas ganz Feines ist, jedoch nicht das Wichtigste auf der Welt. Das gibt ihm bei aller Kompetenz auch eine gewisse Gelassenheit, die bei allen gut ankommt.

Der Gierige: Der Gierige ist einer, dem es in erster Linie um die Kohle geht, auch wenn er das nie zugeben würde. Manch ein Gieriger verdient im Job nicht so viel und gleicht die Lücke in der Haushaltskasse mit einem lukrativen Nebenverdienst in der Kreisliga aus. Der schönste Tag im Monat ist für ihn der, an dem einer vom Vorstand oder der Mäzen mit einem Umschlag um die Ecke kommt und ihm diesen heimlich zusteckt. Bar auf die Kralle, unversteuert, Brutto gleich Netto. Die Gegenleistung, sprich seine Arbeit, ist okay, nicht mehr, nicht weniger.

Der Aktive: Er hat schon mal höher gespielt und irgendwann das Angebot bekommen, einen auf Spielertrainer zu machen. Der Verein auf Trainersuche schlägt damit im Idealfall zwei Fliegen mit einer Klappe – 1. gibt es einen neuen Coach und 2. gleich noch einen guten Spieler dazu. Der Aktive will Trainer sein, kickt aber auch noch liebend gern selbst. Warum auch nicht, solange es noch einigermaßen geht, wird weiter gepöhlt. Und so rennt er statt am Spielfeldrand auf dem Feld herum und versucht dort, seinen Teil zum Erfolg beizutragen. Bei manchen Spielertrainern (Typ 1) klappt das auch sehr gut, sie stehen noch voll im Saft und machen den meisten Spielern in Sachen Einsatz, Können, Kommunikation und Motivation noch einiges vor. Andere Trainer (Typ 2) haben die Zeichen der Zeit leider nicht erkannt, sportlich sind sie keine Verstärkung mehr, Verletzungen, Übergewicht und so. Trotzdem wollen sie unbedingt noch auflaufen. Offiziell, um dem Team zu helfen, inoffiziell, weil sie es einfach nicht lassen können und noch viel zu grelle sind, um mit dem aktiven Sport aufzuhören. Die meisten der eigenen Spieler halten nicht viel davon, trauen sich aber nicht, es laut auszusprechen. Typ 3 ist noch mal ganz anders. Er kann zwar sportlich auf dem Platz noch helfen, das Problem an der ganzen Sache aber ist, dass er als Trainer absolut keine Hilfe ist, wenn er selbst spielt. Er ist so sehr mit sich selbst, dem Gegner, dem Schiedsrichter und den Zuschauern beschäftigt, dass er sich gedanklich überall befindet, nur nicht auf dem Trainerstuhl.

Und so ist er, zumindest auf dem Feld, nichts anderes als ein ganz gewöhnlicher Spieler.

Der Gechillte: Der Gechillte sieht den Kreisligafußball und seinen Trainerjob absolut tiefenentspannt. Als Trainerfuchs wird er nicht mehr vom Profisport entdeckt, das weiß er. Für ihn ist der Amateursport nicht mehr als ein netter Zeitvertreib: einfach mal raus aus der Firma oder ein paar Stunden Ruhe vor der Alten und den Blagen. Kaputt macht er sich bei der Ausübung seiner Tätigkeit wahrlich nicht. Trainingsinhalte wiederholen sich so häufig, dass die Spieler sie irgendwann auswendig kennen und auch sonst scheint ihm nichts sonderlich nahezugehen. Wenigstens bleibt er nach dem Sport auf 1 - 2 Bierchen, dafür ist er immer zu haben, wie es sich für einen Gechillten gehört.

Der Geladene: Wenn es um Fußball geht, ist er permanent on Fire. Der Geladene kann wie ein HB-Männchen von null auf hundert hochgehen. Er steht 24/7 unter Strom, selbst vor dem Training beim 5 gegen 2 im Kreis holen sich die Ersten entweder einen Anschnauzer oder sogar eine Grätsche ab, wenn er mal selbst mitmacht. Am Spieltag ist es noch schlimmer, der Coach ist nervöser als die Spieler selbst und rennt wie ein aufgescheuchtes Huhn die Linie auf und ab. Eine Kippe nach der anderen wird weggeatmet, dazwischen macht er Alarm, wo es nur geht, die Zuschauer können sich einen wahren Gesichtskino-Blockbuster reinziehen.

Was ihm auch schon den ein oder anderen Platzverweis eingebracht hat, diesbezüglich ist er ein schon jetzt legendärer Wiederholungstäter. Geht es mal nicht um Fußball, ist er aber ein ganz passabler Kerl.

Der Phrasendrescher: Er kommt recht neunmalklug daher und diejenigen, die komplett ahnungslos sind, halten ihn wahrscheinlich sogar für einen guten Coach. Klingt ja auch professionell, was er so sagt. Bei genauerem Hinhören fällt allerdings auf: Er redet viel, sagt aber nichts. Jedes Wort, das er raushaut, könnte bei jedem x-beliebigen Spielstand von Minute 1 - 90 reingebrüllt werden. „Kompakt stehen", „Räume engmachen", „Ball laufen lassen", „Bewegung ohne Ball", „Schieben", oder „Ruhe ins Spiel bringen" – all diese schlauen Tipps gibt er fleißig zum Besten, ohne dabei sinnvoll zu coachen. Dazu noch ein paar Gesten, die ebenfalls professionell wirken – schon meint man, da stünde einer mit richtig Ahnung am Spielfeldrand. Aber wie gesagt, bei genauerem Hinsehen kommt lediglich heiße Luft.

Der Arbeitslose: Zumindest auf den Fußball bezogen. Der Arbeitslose wechselt in der Regel öfter mal den Verein, Engagements von mehr als drei Jahren sind äußerst selten. Wenn er gerade mal wieder keinen Job hat, biedert er sich an, wo es nur geht. Er ist jedes Wochenende auf einem anderen Sportplatz zu sehen, vorzugsweise dort, wo es gerade nicht so gut läuft und demnächst eventuell die Trainerfrage gestellt werden könnte. Er kennt alle Vereinsverantwortlichen und hält sich pausenlos in deren Nähe auf, um mit etwas Glück ins Gespräch zu kommen. Darüber hinaus ist er, mehr oder weniger offensichtlich, alle paar Wochen in der Presse und im Internet präsent, in der Hoffnung, dass sich über diese Kanäle etwas Interessantes auftut. Wenn er dann mal wieder eine neue Aufgabe gefunden hat, wird es erstmal etwas ruhiger um ihn. Bis zu seinem nächsten Rausschmiss.

Viele Trainer entsprechen nicht nur einem der oben genannten Profile, sondern mehreren. Diese Mischformen können besonders interessant sein, zum Beispiel wenn der Gechillte auch noch Phrasen drischt oder der Ambitionierte selbst kickt – dann wird es richtig spannend.

Bei all den Vor- und Nachteilen der unterschiedlichen Trainertypen bleibt aber eines festzuhalten: Ohne Trainer geht es nicht und es ist lobenswert, dass sich so viele dieser Aufgabe annehmen. Ob nun hoch motiviert oder relativ gelassen, (fast) jeder Trainer engagiert sich für sein Team und den Verein. Und das ist doch etwas sehr Wichtiges und Gutes …

DER CO-TRAINER:

„Einen Co-Trainer??? Haben wir nicht!" Richtig, im unteren Amateurbereich einen Co-Trainer zu haben, ist alles andere als Normalausstattung einer Mannschaft. Viele Teams sind froh, erstmal einen vernünftigen Trainer zu haben, da ist der Gedanke an einen Assistenten ganz weit weg. Mannschaften, die doch über einen verfügen, können sich glücklich schätzen, denn die sind klar im Vorteil. Sowohl im Training als auch beim Spiel kann er eine Menge Funktionen übernehmen, manche davon sind relativ wichtig, andere weniger.

Beim Training Hütchen aufstellen, pfeifen oder ins Tor gehen – für den Co-Trainer gibt es immer was zu tun!

Rund um das Training kann es dem Trainer durchaus mal passieren, dass in der Firma das Angebot noch raus muss, der Kunde zum Essen eingeladen werden will oder die Servicehotline seines Gas-/Wasser-/Scheiße-Unternehmens gewählt wird und er noch mal raus muss, um den Schaden zu beheben. Rohrbrüche dulden schließlich keinen Aufschub. Das Training dann dem Team selbst zu überlassen, muss nicht, kann aber in einer absoluten Jokus-Einheit enden. Die Wahrscheinlichkeit für ein wenig zielführendes Training ist auf jeden Fall sehr hoch. Wohl dem, der einen Co-Trainer an seiner Seite hat, der alternativ das Training leiten kann. Ist für die Spieler ja auch mal ganz nett, zur Abwechslung ein anderes Gesicht vor sich stehen zu haben. Und neue Übungen sind ebenfalls nicht zu verachten, wenn der Co das denn vernünftig hinkriegt.

Aber auch wenn der Trainer da ist, kommt der Assistent an den verschiedensten Fronten zum Einsatz: Hütchen aufstellen, das Abschlussspiel pfeifen, das Team in Unterzahl auffüllen, ins Tor gehen, wenn kein Keeper da ist, und und und – es gibt immer was zu tun. Ab und an darf er das Training sogar allein leiten, vorzugsweise wenn es Hunde und Katzen regnet.

Rund ums Spiel wirkt der Assistent am Spieltag sowohl unterstützend als auch beratend. Er leitet das Warm-up, vor dem Spiel mit der Startelf, während des Spiels eventuell mit den Reservisten. In den 90 Spielminuten gibt er fleißig seinen Senf dazu, baldowert die tollkühnsten Strategien aus und vertritt den Trainer, wenn dieser vom Schiedsrichter mal wieder des Platzes verwiesen wurde.

Eine effektive Art, seinen Stammplatz zu sichern: den spielenden Co-Trainer mimen

Eine in der Kreisliga häufig gesehene Figur ist der spielende Co-Trainer. Er ist einer der besseren Kicker und noch gut fit. Sein Alter tut nichts zur Sache, er kann ein junger Bursche (oft Sportstudent) oder bereits ein alter Hase sein, dem keiner mehr was vormacht. Parallel zum Selber-Zocken schaut er auch schon über den Tellerrand hinaus und feilt an der Karriere nach der Karriere. Oder er sägt am Stuhl des Cheftrainers, denn seiner Meinung nach würde ihm dieser Posten auch äußerst gut stehen. Bis es so weit ist, fährt er zweigleisig: einerseits um noch ein bisschen kicken zu können, als spielender Co-Trainer ist die Chance auf einen Stammplatz ja auch relativ hoch. Anderseits um schon mal ins Traineramt hineinzuschnuppern. Was nicht dumm ist, solange der Cheftrainer ein bisschen Ahnung hat, kann man sich schließlich wunderbar einige gute Dinge für später von ihm abschauen.

Halten wir also fest: Co-Trainer, egal ob nun spielend oder rumstehend, zu sein, bedeutet gelegentlich auch, Scheißaufgaben übernehmen zu müssen. Trotzdem hat der Job mehr Vor- als Nachteile, er ist ein guter Start in den Trainerkosmos und besitzt eine gewisse Lockerheit. Wenn es nämlich mal richtig kacke läuft, ist erstmal der Cheftrainer schuld …

DER BETREUER:

Nicht selten das Urgestein der Truppe und ein Pfundskerl. Wahrscheinlich hieß Twix bei seinem Amtsantritt noch Raider und auf dem Bildschirm des Röhrenfernsehers behandelten Professor Klaus Brinkmann und Schwester Christa in gewohnt souveräner Manier die Patienten der Schwarzwaldklinik. Häufig kommt er aus dem Ort und man wünscht sich, so manch ein Spieler und Möchtegern-Star wäre genauso loyal zum Verein wie er. Sein Einsatz ist beispiellos, er geht voran und verrichtet seine Arbeit wie ein Schweizer Uhrwerk. Vorrangig am Spieltag, in der Woche ist es fußballtechnisch eher ruhig um ihn. Dafür gibt es aber am Matchday gut was zu tun:

- Vor dem Spiel die Trikots rankarren, den Spielbericht online ausfüllen und die löchrigen Tornetze mit Kabelbinder flicken.
- Den Schiedsrichter fünf Minuten vor dem Anstoß, wild in der Passmappe blätternd, durch die Passkontrolle geleiten.
- Während des Spiels den Linienrichter machen.
- Verletzte Spieler wie ein Schamane nach dem Motto „Viel hilft viel und mehr noch mehr" mit Eisspray behandeln. Die Auswechslung folgt kurz darauf, nicht wegen der Verletzung, sondern wegen Verbrennungen dritten Grades.
- Nach dem Spiel Getränke besorgen, traurige Spieler trösten, wieder im Internet am Spielbericht rumfuhrwerken und den Arztkoffer zurück an Ort und Stelle bringen.

Grob unterteilt gibt es zwei Arten von Betreuern:

Variante 1 – der durchaus Sportliche: Hat früher selbst mal gekickt, aber irgendwann ging es körperlich oder zeitlich nicht mehr. Familie, Job, Verletzungen etc. – die übliche Amateurkickerlaufbahn. Ganz ohne Fußball war es aber auch nicht prima und so der Betreuerjob eine willkommene Alternative.
Variante 2 – der absolut Unsportliche: Selbst gekickt hat er nie. „Um Gottes willen!" Trotzdem will er in irgendeiner Form dabei sein und sich einbringen. Da dies als Trainer mangels Wissen nicht möglich war, erschien der Posten des Betreuers als der einzig sinnvolle.

Selten hat er seinen großen Auftritt. Wenn, dann aber mit Anlauf: meist auf Mannschaftsfahrt oder in der Spelunke

Obwohl der Betreuer ein wichtiger Bestandteil des Teams ist, agiert er mit einem gewissen Understatement eher im Hintergrund. Dies ändert sich jedoch schlagartig, wenn der Fußball mal nicht Priorität genießt. In der Spelunke oder auf Mannschaftsfahrt zum Beispiel gibt er richtig Gas. Könnten einige Spieler so kicken wie er saufen, würde das Team locker 2 - 3 Ligen höher spielen.

Eines haben aber selbst die verschiedensten Betreuer gemeinsam: Sie sind authentisch, zuverlässig und echte Teamplayer, die sich selbst nicht all zu wichtig nehmen, aber trotzdem über gewisse Ecken und Kanten verfügen. Echte Marken sozusagen, mit denen man lachen oder auch ernste Themen besprechen kann, die sich für kein Glas Bier in geselliger Runde zu schade sind, einem aber auch mal ganz ehrliche Dinge ungebremst an den Kopf knallen, wenn es der Sache dient. Gute Seelen sozusagen, die einfach unheimlich viel Spaß am Vereinsleben haben, die man zu schätzen wissen sollte, denn es ist nun mal so, bei einigen Menschen erkennt man leider erst, was man an ihnen hatte, wenn sie nicht mehr da sind …

DER TORWARTTRAINER:

Existieren im Amateursport noch relativ häufig Betreuer oder vielleicht sogar ein Co-Trainer, so sind Torwarttrainer eine absolute Randerscheinung. Bei genauerer Betrachtung gibt es aber ganz simple

Erklärungen dafür, denn einen Guten dieser Sorte zu finden, ist eine wahre Mammutaufgabe. Nicht nur dass die Anzahl der Torhüter im Vergleich zu Feldspielern ohnehin schon deutlich geringer ist – diese Tatsache kommt natürlich erschwerend hinzu – zusätzlich stellt sich noch die Aufgabe, aus den wenigen, die theoretisch in Frage kämen, den Hauptgewinn, also quasi die 6 aus 49, zu finden. Jemanden, der a.) Bock, b.) Zeit und c.) auch noch über ein gewisses Know-how in Sachen Torwartspiel verfügt. Schwierig, sehr schwierig. Vorausgesetzt es wurde jemand gefunden, ist es oft einer, der selbst über 1.750 Kreisliga-Spiele absolviert hat und körperlich von 425.000 Stürzen auf die harte Asche komplett im Arsch ist. Was ihn aber nicht aufhalten kann.

Wie früher: Befeuerung des Keepers bis zum Brechreiz – 50 Schüsse in 5 Minuten, alle schön unten in die Ecken

Und so lässt er seine jahrelange Erfahrung gnadenlos und ohne Rücksicht auf Verluste einfließen: „Ich bin einer der alten Schule!“ Um sich anschließend fast schon dafür zu rechtfertigen: „Das war sicher nicht alles schlecht, was wir damals gemacht haben.“ Und so knöpft er sich seinen Schützling in schöner Regelmäßigkeit vor und knechtet diesen, wie es ihm damals selbst schmerzvoll widerfahren ist. Er selbst hat das früher gehasst ohne Ende, was ihn trotzdem nicht davon abhält, seinem Keeper nun das Gleiche anzutun. Falls vorhanden, auch mal in der Sandgrube. Eine seiner Lieblingsübungen: Er ballert den Ball ca. 50 Mal flach aus 7,5 Metern Entfernung alle 5 Sekunden abwechselnd links und rechts unten in die Ecke und schreit den Keeper dabei, so laut es geht, an: „Und hoch! Noch zeeeehn!" So viele werden es dann doch nicht, sein Nachfolger kapituliert nach sieben Stück und hat das dringende Bedürfnis, sich zu übergeben. Als zusätzliche (De) Motivation gibt es vom Torwarttrainer noch gratis einen dummen Spruch hinterher: „Meine Fresse, da musste ich früher auch durch. Hab aber nicht so rumgeheult wie du!", lautet der überaus motivierende Kommentar, während der arme Keeper luftholend auf dem Boden liegt und es wagt, eine kurze Pause einzufordern.

Alles muss man selber machen lassen: „Mach du mal den Abstoß, ich komm nicht so weit!"

Dass es der Veteran aber auch noch selbst kann, beweist er hier und da auf dem Platz. Entweder bei seinen langjährigen Weggefährten in der Alte-Herren-Truppe oder wenn er mal wieder in der Ersten oder Zweiten aushelfen muss, weil kein anderer Keeper da ist. Es fühlt sich gut an, mal wieder im Tor zu stehen, die Routine ist bereits nach dem Aufwärmen wieder da, lediglich an Sauerstoff mangelt es bedenklich. Geändert hat sich nichts, er schmeißt sich in jeden Ball, allem, was haltbar erscheint, wird hinterhergehechtet. Mit dem Ball am Fuß stößt er jedoch, genau wie damals, noch immer stark an

seine Grenzen. Generell wird das Spielgerät lieber zum Mitspieler geworfen, „der kommt genauer so“. Abstöße muss sowieso ein anderer machen. Schon früher hat er den Ball nicht vernünftig hochgekriegt, heute ist aufgrund fehlender Technik und der Tatsache, dass der Körper einer Großbaustelle gleicht, noch weniger daran zu denken.
Der Tag nach dem Spiel ist dann äußerst schmerzhaft, der alte graue Panther kann jeden einzelnen seiner Knochen schmerzhaft spüren. Aufstehen, gehen und sitzen, alles eine Qual. War trotzdem geil gestern …

DIE / DER PHYSIO:

Vor einigen Jahren in der öffentlichen Wahrnehmung für den Amateurbereich noch too much und genauso notwendig wie ein Fundbüro in Polen. Wozu auch? Verletzungen können mittels haarsträubender Selbstdiagnose erörtert und behandelt werden. Und wenn es im Spiel mal kracht, kann der Betreuer doch jederzeit auf den Platz möllern. Aber auch die Kreisliga entwickelt sich weiter. Irgendwann kam der Eislolly zum Einsatz und in einigen Vereinen wurde sogar das Kinesio Tape entdeckt. Darauf folgte dann auch das Verständnis für den Sinn und Zweck von Physiotherapeuten. Nicht immer, aber immer öfter. Gar nicht mal so dumm, warum soll etwas für Hobbysportler nicht gut sein, was im Profibereich schon lange Standard ist? Der Haken an der Sache: Der Kreisligist, bei dem die Physios Schlange stehen, um endlich für ihn arbeiten zu dürfen, muss wohl erst noch gegründet werden.

Eine Behandlung von einer hübschen Blondine ist 1.000 Mal angenehmer als von einem dicken Typen mit Fellfratze!

Und so gelten Physiotherapeuten, wenn auch auf dem Vormarsch, immer noch als Exoten in den unteren Ligen. Aber es gibt sie und sie werden selbst in der Kreisliga hin und wieder mal gesichtet. Im Idealfall weiblich. Hat doch auch was, so ein kleines blondes Mäuschen, das sich im bequemen Vereins–Präsentationsanzug liebevoll um die Wehwehchen der jammernden Kicker kümmert. Für die Spieler ist die Behandlung durch eine fesche Dame deutlich angenehmer als von einem fetten Kerl mit Fellfratze. Und auch sonst ist die Zusammenarbeit mit einem netten Madl besonders. Es macht Spaß, es gibt immer was zu reden oder zu witzeln. Mit ihr oder über sie. Natürlich alles im liebevollen Bereich, sie wird schließlich gemocht. Liebevoll? Richtig gehört, manch ein Schlüpferstürmer ist sogar spitz wie Nachbars Lumpi und fühlt sich jedes Mal, wenn sie am Sportplatz zugegen ist, animiert, wollüstig den paarungsbereiten Blick aufzulegen. Meist zwickt es ihn dann an den Adduktoren, es könnte durchaus eine Verletzung sein. „Ist vielleicht besser, wenn du dir das mal ansiehst.“

Aus Respekt gehen wir an dieser Stelle jedoch nicht noch weiter in die Tiefe.

Eine nette Abwechslung zu Bandscheibenvorfällen und künstlichen Hüftgelenken ...

Generell schmückt sie die Truppe einfach, wer in der Liga kann sonst schon noch von sich behaupten, so ein heißes Gerät in seinen Reihen zu haben?
Und so ist es eine Win-Win-Situation für alle. Die Verletzungen der Spieler können schneller und vor allen Dingen kompetenter behandelt werden und das Mädel hat auch seinen Spaß mit der Truppe. Für Physios ist es eine willkommene Abwechslung zu dem, was sie sonst so machen. Behandlungen nach Bandscheibenvorfällen oder dem Einsatz eines künstlichen Hüftgelenks und Co. sind nicht verkehrt – mal was anderes zu sehen aber auch nicht …

Kapitel 3: Die besten Nebenrollen

3.1: Die Macher

Wilhelm Busch, der alte Schlaufuchs, hat es schon damals auf den Punkt gebracht:

„Willst du froh und glücklich leben,
lass kein Ehrenamt dir geben!
Willst du nicht zu früh ins Grab,
lehne jedes Amt gleich ab!
Wie viel Mühen, Sorgen, Plagen,
wie viel Ärger musst du ertragen;
gibst viel Geld aus, opferst Zeit –
und der Lohn? Undankbarkeit!“

Klingt abschreckend – ist es auch. Teilweise. Im Großen und Ganzen ist es so schlimm aber sicher nicht, im Gegenteil. Befasst man sich etwas detaillierter mit dem Amateurfußball, so sind es nicht nur die Hauptrollen wie Spieler oder Trainer, sondern häufig auch andere Personen, denen Lob und Ehre gebührt. Die, die keine wichtigen Tore erzielen oder Bälle aus dem Winkel fischen, dafür aber trotzdem in unterschiedlichster Weise einen überaus wertvollen Beitrag für die Spieler, das Team oder den gesamten Verein leisten. Die, die ihren Job mehr oder weniger im Hintergrund machen und den Laden am Laufen halten. Leider wird dieser Einsatz oft nicht sonderlich wahrgenommen, gar als selbstverständlich empfunden und dadurch zu wenig bis gar nicht gewürdigt. Das holen wir an dieser Stelle nach, weil wir ALLE Personen rund um den Amateurfußball zu schätzen wissen, die es gut mit ihm meinen und sich für ihn engagieren. Menschen von dieser Sorte gibt es eine ganze Menge. Also, Ehre wem Ehre gebührt, hier stellvertretend für alle Ehrenamtlichen unser Best of aus Denkern und Lenkern, Alleskönnern, echten Malochern und und und:

Unter der Überschrift „Die Macher“ finden wir fast ausschließlich Kollegen aus dem Vereinsvorstand. Ein Verein kann nur erfolgreich bestehen, wenn mehrere Personen an seiner Spitze stehen und sich neben ihrem Job und der Familie in seinen Dienst stellen. Dazu gehören Kassenwart, Schriftführer und Co. ebenso wie Präsident, Fußballobmann und Jugendwart, die wahrscheinlich noch etwas mehr im Rampenlicht stehen, da sie rund um den Sportplatz schlichtweg greifbarer sind. Diesen drei Letztgenannten möchten wir hier einige Zeilen widmen, was natürlich nicht heißen soll, dass wir die Arbeit der restlichen Vorstandsmitglieder nicht zu schätzen wüssten. Auch an diese möchten wir hier die besten Grüße aussprechen und ein dickes Dankeschön loswerden.

Der Grüßonkel: hält ein Mal im Jahr eine Rede und verteilt händeschüttelnd Blumensträuße + Anstecknadeln

DER PRÄSIDENT / 1. VORSITZENDE:

Er steht an der Spitze jedes Vereins und bekommt für seine Tätigkeit wenig Lob, dafür aber stets rege Kritik. Namen für ihn gibt es viele, von der grauen Eminenz über den Chef bis hin zum Sonnenkönig. Der Präsident steht dem Verein vor, soll ihn repräsentieren und nach bestem Wissen und Gewissen führen. Dazu gehören die Überwachung und Kontrolle aller Vorgänge im Verein, die Einberufung und Leitung von Mitgliederversammlungen und Vorstandssitzungen, die Kontaktpflege mit anderen Vereinen, Verwaltungsgremien, Sponsoren und so weiter. Die Art und Weise, wie die Aufgaben erfüllt werden, kann sehr unterschiedlich interpretiert werden. Somit ist auch jeder Präsident ein kleines Unikum für sich.

Der eine verrichtet seine Arbeit still und leise, stimmt jede Entscheidung gewissenhaft mit seinen Vorstandskollegen ab und macht aus seiner eigenen Person kein großes Aufsehen. Er ist ein Mann des Volkes, allseits beliebt und ein echter Teamplayer. Diesen Gedanken lebt er jederzeit aktiv vor. Äußerst vorbildlich.

Sein Kollege vom Nachbarverein sieht das etwas anders, nicht zuletzt weil er sich selbst extrem okay findet. Oft ist er im Berufsleben recht erfolgreich und hat eventuell sogar ein eigenes Unternehmen.

Der Verein ist sein Baby und das soll, genau wie die Firma, laufen. Sich ein kleines Denkmal bauen? Klar, warum nicht?

Und dann gibt es da noch den Grüßonkel. Er hat oftmals den Vorsitz in einem etwas größeren Verein mit mehreren Sparten, Leichtathletik, Zumba und rhythmische Sportgymnastik zum Beispiel. Er hat (was er aber nicht zugibt) mit Fußball gar nicht so viel am Hut, hält anlässlich des Sportfestes höchstens mal, akkurat mit Hemd und Krawatte gekleidet, eine Rede oder drückt Jubilaren mit einem Lächeln im Gesicht einen bunten Blumenstrauß in die Hände. Ansonsten beschränkt er sich eher auf die anderen Abteilungen und lässt in Sachen Fußball die machen, die angeblich Ahnung davon haben.

Bei jeder Generalversammlung zu hören:
Wiederwahl!

Ein ebenfalls häufig vorkommender Präsident ist der Alteingesessene, der selbst nicht mehr der Jüngste ist, sein Amt schon etliche Jahre ausführt, den Verein ganz entscheidend mitgeprägt und mit ihm Höhen und Tiefen durchlebt hat. Er wollte schon öfter aufhören, aber leider konnte bisher kein passender Nachfolger gefunden werden. Bevor es gar keiner macht, hängt er doch lieber noch mal eine Legislaturperiode dran. Wiederwahl! Alles für'n Club!

Zumindest was das Zeitliche betrifft, ist das Gegenteil vom Alteingesessenen der Visionär. Er ist ganz neu im Geschäft und nach seiner Wahl hochmotiviert. Die Ideen sprudeln nur so aus ihm heraus, er will den ganzen Laden am liebsten komplett auf links krempeln, um mal so richtig mit ihm durchzustarten. Nicht jedes Vorstandsmitglied ist begeistert davon, früher war ja schließlich nicht alles schlecht. Aber er wird erstmal in Ruhe gelassen, neue Besen kehren schließlich gut.

Einen Verein zu führen, ist nicht ohne und neben viel Arbeit auch mit einer Menge Verantwortung verbunden. In diesem Sinne erheben wir an dieser Stelle den Daumen für alle Präsis, die einen guten Job machen und dazu beitragen, dass wir unser Hobby ausführen können …

DER FUSSBALLOBMANN:

Der Fußballobmann hat, wie alle anderen Vorstandsmitglieder auch, eine Vielzahl an Aufgaben. Eine davon ist aber ganz besonders. Er ist sowas wie der Bundesligamanager in klein. In vielen Vereinen kümmert er sich um die Kaderzusammenstellung und um die Trainerfrage, also den Coach einstellen und notfalls auch rausschmeißen, zum Beispiel wenn es nur noch Klatschen gibt. Speziell die Kaderfrage ist nie ganz einfach. Jede Saison eine schlagkräftige Truppe ins Rennen zu schicken, muss zunächst geschafft werden. Ganz besonders dann, wenn die Jugendarbeit nicht rund läuft. Den Kreisligisten, die nur wenige oder sogar gar keine Jugendmannschaften melden, fehlen heranwachsende Kicker, die regelmäßig aus der eigenen A-Jugend kommen und eingebaut werden können. In dem Fall kann es sein, dass externe Kicker rangeholt werden müssen. Um im Bedarfsfall sofort potentielle Neuzugänge auf dem Schirm zu haben, muss der Fußballobmann Jahr für Jahr, Monat für Monat, Woche für Woche und Tag für Tag Networking betreiben. In der Regel kennt er alle im Umkreis von mindestens 20 Kilometern, die irgendwas mit Fußball zu tun haben. Teilweise auch über diverse Umwege: „Ich kenne da einen, der einen kennt, der so einen kennt. Und genau der Typ kennt wiederum einen, der für unser Team interessant sein könnte und eventuell auch wechselwillig ist. Munkelt man jedenfalls.“

Sein Netzwerk umfasst nicht nur unzählige Spieler, sondern auch Trainer, denn auch auf dieser Position tut sich in verschiedenen Intervallen gelegentlich etwas. Mal seit längerem geplant, mal relativ spontan. Er ist mit allen Leuten per du und stets freundlich und zuvorkommend, immerhin könnte er ja irgendwann mal was von ihnen wollen.

„Kohle? Kannst du haben – aber nicht bei uns!“

In Sachen Personalplanung ist es für den Fußballobmann am geschmeidigsten, wenn das aktuelle Team auch für die Folgesaison zusagt. Im einfachsten Fall reicht schon ein freundliches „Wer von euch hat denn auch nächste Saison noch Lust auf Fußball bei uns im Verein?“ und schon nicken alle bestätigend oder heben einfach nur die Hand, weil sie sich dort wohl fühlen oder keine andere sportliche Alternative haben.

Tritt dann aber mal der Ernstfall ein und es herrscht Bedarf, müssen Gespräche mit Wunschspielern vereinbart werden. Frühzeitig, andernfalls kann man sich höchstens noch an der Resterampe bedienen. Die Gesprächstermine verlaufen teilweise höchstinteressant: allerhand andere größenwahnsinnige Spieler leben nämlich auf einem ganz anderen Planeten und denken ernsthaft, sie könnten für ihre mehr oder weniger guten Darbietungen auch noch monatlich Kohle fordern. Meistens ist es zwar noch so, dass die Spieler in Form vom Mitgliedsbeitrag eher Geld fürs Kicken bezahlen, statt welches zu kassieren, aber es gibt auch Ausnahmen und die mehren sich scheinbar. Dabei ist doch eines klar: In 99 % der Fälle wäre das Geld woanders deutlich besser aufgehoben, zum Beispiel zur Unterstützung der Jugendarbeit. Es ist doch auch grotesk, in den untersten Ligen Deutschlands für Spieler mit überschaubarem fußballerischem Niveau Geld zu zahlen. Aber nun gut, das muss jeder Verein für sich selbst entscheiden.

Will der Wunschspieler also Geld, sagt der Obmann je nach Vereinsphilosophie dann: „Kohle kannst du haben, aber nicht bei uns. Kick lieber woanders!“

Oder aber er ist bereit, etwas auf den Tisch zu legen. Dann kann er nur noch um jeden Cent feilschen oder alternativ Tankgutscheine anbieten. Sagt der Spieler dann tatsächlich zu, wickelt der Fußballobmann den Schriftverkehr ab. Die Abmeldung hat er bereits vorverfasst, fehlt nur noch der verbindliche Namenszug unter dem Dokument: „Wenn du bitte hier einmal unterschreibst?!" Anschließend wird darauf angestoßen und beratschlagt, wie und wann es der Presse gesteckt wird. Aus Respekt zum aktuellen Verein des Kickers wird noch etwas mit der Bekanntgabe gewartet. Rechtzeitig vor der Wechselfrist (die etliche regelmäßig verpennen, obwohl der Termin jedes Jahr der Gleiche ist) bringt der Obmann die Abmeldung dann höchstpersönlich zur Post. „Sicher ist sicher!" Einsendedatum drauf, 70 Cent bezahlt, wunderbar.

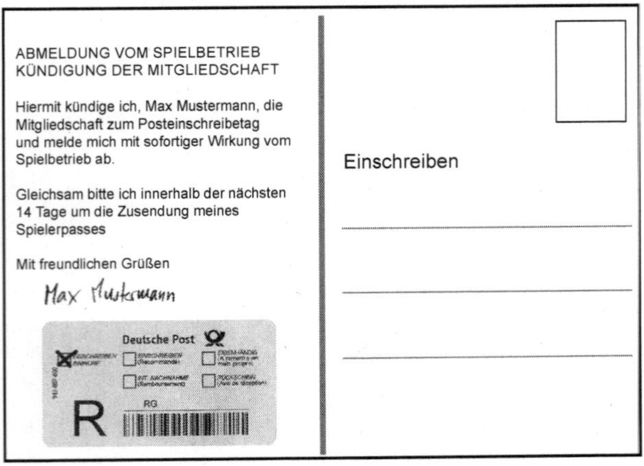

ABMELDUNG VOM SPIELBETRIEB
KÜNDIGUNG DER MITGLIEDSCHAFT

Hiermit kündige ich, Max Mustermann, die Mitgliedschaft zum Posteinschreibetag und melde mich mit sofortiger Wirkung vom Spielbetrieb ab.

Gleichsam bitte ich innerhalb der nächsten 14 Tage um die Zusendung meines Spielerpasses

Mit freundlichen Grüßen

Max Mustermann

Deutsche Post

R

RG

Einschreiben

Die Trainer- und Kaderplanung ist sicher eines der wichtigsten Tätigkeitsfelder des Fußballobmanns, aber nicht das Einzige. Hinzu kommen noch Aufgaben wie …

- die Erstellung von Platzbelegungsplänen, die in schöner Regelmäßigkeit für Diskussionen sorgen,
- die Kenntnisnahme von amtlichen Mitteilungen und Informationen an Trainer und Mannschaften über eventuelle Vorkommnisse und Auswirkungen, Strafen und so weiter,
- die fristgerechten Einladungen von Schiedsrichtern für die Spiele, in der Hoffnung, dass sie auch kommen,
- die Bereitstellung benötigter Unterlagen (z. B. Spielerpässe) für die Verwaltung oder den Verband
- usw.

Schaut her, gar nicht so wenig Arbeit. Gewusst? Sicher nicht alles. Teilweise sind es Dinge, die einfach laufen, bei denen sich allerdings noch nie jemand großartig die Frage nach dem wie und dem wer gestellt hat. Nun wisst ihr es aber, wieder was dazugelernt. Wenn ihr euren Fußballobmann das nächste Mal seht, könnt ihr ihn also ruhig mal drücken …

DER JUGENDWART:

Oftmals ist er die ärmste Sau im Verein, mit einem Job, um den ihn viele nicht beneiden und der einen Haufen Arbeit mit sich bringt. Von den Minis bis zur A-Jugend, alle Nachwuchskicker, deren Eltern und dazu noch die ganzen Trainer – sie alle wollen was von ihm. Wenn sie überhaupt am Start sind, denn es ist längst kein Geheimnis mehr, dass es heutzutage aus verschiedenen Gründen nicht sonderlich einfach ist, Mädchen und Jungen für den Sportverein zu begeistern. Das Wegbrechen des Nachwuchses hat schon in etlichen Vereinen für Kopfzerbrechen gesorgt und ist für immer mehr von ihnen ein echtes Problem. Genügend Nachwuchs zu finden und den Verein für die Jugend interessant zu machen respektive diesen Zustand zu erhalten, ist die eine Aufgabe. Dazu kommt noch ein Arsch voll anderer To Dos wie zum Beispiel …

- die Vertretung der Vereinsjugend innerhalb und außerhalb des Vereins,
- die Meldung der Jugendmannschaften bei Verbänden,
- die Einberufung und Leitung der Jugendversammlungen,
- die Erstellung und Überwachung des Haushaltsplans für die Jugendabteilung einschließlich der Beantragung öffentlicher Zuschüsse,

- die Koordination des Sportbetriebes der Jugend in Abstimmung mit dem Fußballobmann,
- die Einberufung und Leitung von Elternabenden,
- die Organisation von Ausflügen.

Der Jugendwart als Notnagel auf der Trainerbank: „nur übergangsweise ...“

Zusammenfassend hat er also eine Menge Aufgaben zu bewältigen, die (Ironie an) so richtig Bock machen (Ironie aus).

Würde wenigstens alles so klappen, wie sich der Hüter der Jugend das wünscht, dann ginge es ja noch. Aber dem ist natürlich oftmals nicht so. Stellvertretend für alle Dauerbaustellen hier eine, die so regelmäßig wiederkehrt wie die Meisterschaften der Bayern: die Besetzungen der Jugendmannschaften mit Trainern. Einen Stab an guten Jugendcoaches zu haben, ist ein Luxus, dem ein Mörderaufwand vorausgeht. Und als ob dies nicht schon kräftezehrend genug wäre, so ist die ganze Arbeit häufig noch nicht mal von Erfolg gekrönt. Die nicht geglückte Suche nach geeigneten Übungsleitern führt in einigen Fallen dazu, dass sich ein Vater, der lieber kein Trainer sein sollte, erbarmt und das Team seines Sohnes für ein Jahr coacht. Findet sich noch nicht mal ein Daddy, so übernimmt der Jugendwart auch diese Aufgabe noch selbst. „Aber nur übergangsweise, bis wir einen geeigneten Trainer gefunden haben." Also ca. für die nächsten zwei bis sieben Jahre.

Kindern & Jugendlichen Freude bereiten und sie fördern – es gibt sicher Schlimmeres!

Bei aller Arbeit und Zeit, die für den Job draufgeht, so gibt es, wenn man es richtig macht, auch eine Menge Positives zurück: Es ist sehr schön und eine tolle Sache, sich für Kinder und Jugendliche einzusetzen, sie vom Computer oder Smartphone wegzuholen und ihnen Dinge wie Bewegung, Abwechslung und die Mitgliedschaft in einem Team und Verein anbieten zu können. Man kann ihnen Freude bereiten und sie in ihrer Entwicklung begleiten plus fördern, das ist sicher nicht das Schlechteste. Werte wie Ehrlichkeit, Dankbarkeit, Demut, Verantwortung, Teamspirit und Durchhaltevermögen haben schließlich noch keinem geschadet. Der Job ist also sicher nicht so schlecht, wie es oben vielleicht etwas überspitzt dargestellt wurde. Von daher freuen wir uns für und mit jedem, der dieses Amt mit Elan bekleidet, und wünschen für die Zukunft ganz viel Freude und Erfolg, denn er hilft schließlich fleißig mit, den Vereinsfußball noch ein weiteres Jahr aufrechtzuerhalten.

DER MÄZEN:

Getreu Karel Gotts Gassenhauer „Einmal um die ganze Welt und die Taschen voller Geld" schlawenzt der Mäzen ständig im Dunstkreis des Sportplatzes herum und macht dort sein Ding. Was das genau ist, darüber kann nur gemutmaßt werden. Nur so viel ist bekannt: Der Godfather aller Mäzene heißt Werner Kampmann, er besitzt eine erfolgreiche Spedition im Westen Deutschlands und unterstützt nebenbei leidenschaftlich eine Ruhrpotttruppe. Wie Werner Kampmann sind alle Mäzene Fußballliebhaber und Gönner in Personalunion, sicher mit etwas weniger Budget ausgestattet als russische Oligarchen oder saudische Prinzen, aber für den kleinen Amateurclub reicht es allemal. Dabei können sie durchaus auch aktiv im Vorstand tätig sein, müssen dies aber nicht unbedingt. Sie stehen zu ihrem Club, in guten wie in schlechten Tagen. Und sie unterstützen ihn im Rahmen ihrer Möglichkeiten. Eine Schüppe beim Arbeitseinsatz nehmen sie sicherlich nicht in die Hand, dafür aber ein paar Scheine, um „ihrem" Verein auf dem Weg zum Erfolg unter die Arme zu greifen. Mit Trikotwerbung geben sie sich nicht zufrieden, vielmehr vergeben sie in ihrem Büro Ausbildungsplätze, überreichen dem Captain am Saisonende den Umschlag mit der Punktprämie oder stecken dem Stürmer nach dem Spiel als kleine Anerkennung für seine drei Hütten einen Fuffi in die Hosentasche.

Ja, einen Mäzen zu haben, ist schon nicht verkehrt, er macht einem Team das Leben in vielerlei Hinsicht leichter und eröffnet Möglichkeiten, die anderen Mannschaften vielleicht nicht vergönnt sind.

Lediglich abhängig von ihm machen sollte man sich nicht, denn so schnell wie der Erfolg eintreffen kann, ist man, wenn es dumm läuft, auch wieder auf dem Boden der Tatsachen gelandet.

Unser Fazit: Daumen hoch für alle Macher!

Schließen wir dieses Kapitel nun mit einem Loblied auf alle Macher dieser Welt ab. Egal ob Kassenwart, Schriftführer, Präsident, Fußballobmann, Jugendwart, Mäzen oder sonst wer, eines muss klar sein: Sich in solch einem Umfang zu engagieren, ist ein undankbarer Job, hinter dem viel mehr Arbeit steckt als gedacht. Diesen neben dem Berufsalltag und der Familie freiwillig und ohne Bezahlung zu bewältigen, ist aller Ehren wert, aus diesem Grund sollten Besserwisser und Motzköpfe es vielleicht erst einmal selbst oder sogar besser machen, bevor sie losledern. Von uns gibt es für die oben genannten Personen auf jeden Fall zwei ganz fest klatschende Hände …

3.2: Die Malocher

Neben den Vorstandsmitgliedern gibt es in jedem Verein auch eine weitere Personengruppe, die sehr fleißig ist: Personen, die oft kein offizielles Amt haben, aber trotzdem unterstützen, wo es nur geht. Hier einige der besten Helferlein.

DER PLATZKASSIERER:

Was der beinharte Verteidiger für den Stürmer, ist der Platzkassierer für die Zuschauer, zumindest für einige. Er ist dafür zuständig, dass bei der Heimelf am Spieltag der Rubel rollt, also die Kasse klingelt. Dies ist teilweise schon vor dem Betreten der Sportanlage der Fall, viele Vereine haben am Eingang ein kleines schmuckes Häuschen, in dem es sich der Herr der Geldkassette gemütlich machen kann. So ein kleines Gebäude ist zweifelsohne die Eliteliga im harten Kassiergeschäft. Leider hat nicht jeder so viel Glück und so positioniert der Zahlbeauftragte im Nachbarort seine Kasse zwar auch am Eingang, allerdings unter freiem Himmel und nur mit einem kleinen Tisch und einem uralten, grünen Drehstuhl bewaffnet. Bei schlechtem Wetter sitzt er dann sprichwörtlich schnell mal im Regen, aber wenigstens kann er sitzen.

Das ewige Katz-und-Maus–Spiel:
Kassierer vs. Zuschauer

Dieses Privileg haben, weiß Gott, nicht alle. Es gibt immer noch tausende Ehrenamtliche in Deutschland, die sich Spiel für Spiel auf die Socken machen und ihre Sportplatzrunde drehen müssen. Dieser Gang gleicht dann oft einem Katz-und-Maus–Spiel, ähnlich wie das zwischen den Schwarzfahrern und den Kontrolleuren in Bussen und U-Bahnen. Nicht jeder Besucher hat Bock, für den oft mauen Kick auch noch Geld zu bezahlen, und so sucht er möglichst unauffällig, aber zugleich so schnell wie möglich das Weite, wenn er die Anwesenheit des Kassierers wittert. Gelingt die Flucht gegen die Light-Version von Inkasso-Moskau nicht, so heißt es Zahlemann & Söhne.

Frauen kommen meist so durch, spätestens nachdem sie dem Kassierer schöne Augen gemacht haben

Was die Höhe der Eintrittspreise betrifft, so sind diese von Verein zu Verein verschieden. Kinder zahlen in der Regel nicht, Jugendliche selten und wenn, dann aber so wie die Vereinsmitglieder auch, nämlich ermäßigt. Bei Frauen ist das Thema Eintritt höchst unterschiedlich, immer häufiger müssen sie im Zuge der Gleichberechtigung mittlerweile auch abdrücken. „Emanzipation, ja, aber Eintritt zahlen? Nö!“ Lediglich hübsche Blondinen mit laszivem Blick werden ab und zu augenzwinkernd und wohlwollend durchgewunken. Zur Beruhigung für alle Frauen: Bei den meisten Spielen können sie das

Portemonnaie immer noch in der Handtasche lassen und müssen es nicht zücken.

Nachdem gut Umsatz gemacht wurde, hat der Kassenführer Feierabend. Nun kann sich in Ruhe das Spiel oder zumindest der Rest davon angesehen werden. Kostenlose Getränke entschädigen ihn aber etwas.

DIE VERKÄUFERIN / DER VERKÄUFER:

Unter der Rubrik „Die Verkäuferin / Der Verkäufer" finden wir nicht nur eine, sondern zwei Personen. Eine zapfend oder Flaschen öffnend am Getränkestand, die andere Würstchen wendend am Grill oder Pommes schüttelnd vor der Fritteuse. Beide machen am Spieltag ein paar schmale Euros Umsatz, egal wie schlecht das Spiel ist, verzehrt wird unabhängig davon. Erfahrungsgemäß steigt sogar der Alkoholkonsum, je schlechter das Spiel ist, irgendwie muss es ja ertragen werden. Während man vom Kassierer als Gegenleistung für den Geldeinsatz lediglich ein Stück Papier und ein „Danke" oder „Viel Spaß" erhält, bekommt man von den Verkäufern einiges geboten. Welche Gaumenfreuden dies genau sind, wird im Kapitel 6.1 noch detailliert erläutert, hier geht es erstmal um die Personen an sich. Obwohl sie, um Langeweile und Eintönigkeit vorzubeugen, ihren Arbeitsplatz zwischendurch tollkühn tauschen, möchten wir sie hier einmal kurz getrennt unter die Lupe nehmen:

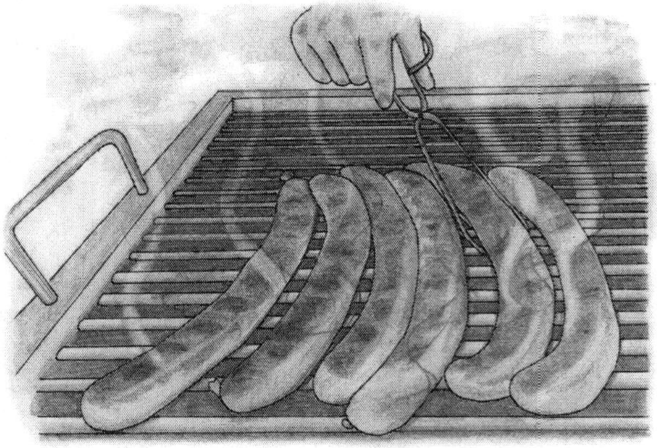

Vom Verkäufer am Grill gibt es zwei Arten: Typ 1 grillt aus Leidenschaft, würde am liebsten hauptberuflich bei Weber arbeiten und dreht blitzschnell zwölf Würstchen mit einer gekonnten Handbewegung. Noch nie hat eine Brat bei ihm den perfekten Garpunkt verpasst, die Dinger sind eine wahre Liebhaberei und den Kunden offenbart sich das ultimative Grillerlebnis. Da stellen sich die Leute auch durchaus ein zweites oder drittes Mal an.

Pünktlich zum Halbzeitpfiff ist der Grill leer ...

So gut wie der oben beschriebene Bratmaxe seinen Job macht, umso schlechter macht es der andere. Für ihn kommt jede Halbzeitpause, ähnlich wie Weihnachten, völlig überraschend. Das Ergebnis: Mit dem Pausenpfiff liegen nur noch drei Würstchen auf dem Rost, von denen der dicke Fan der

Gastmannschaft sich auch noch zwei auf einmal mitnimmt. Für die restlichen sieben Hungrigen heißt es dann: „Oh, da musst du noch ein paar Minuten warten!" Wen die Warterei nicht abschreckt, der bekommt später ein Teil, das auf beiden Seiten einem Brikett gleicht und innen höchstens lauwarm ist.

Genau wie die Männer am Bratwurstbratgerät, so sind auch die Thekenbediensteten, oder besser gesagt ihre Arbeitsweise, ebenfalls sehr verschieden, nicht nur, weil hier auch Frauen zum Einsatz kommen. Unabhängig vom Geschlecht, die am häufigsten beobachteten Experten:

Für Person A ist die Arbeit alles andere als eine Freude, sie macht es nicht aus Leidenschaft, sondern weil sie einfach nicht nein sagen konnte. Und so steht sie hinter dem Tresen und nimmt brav Bestellungen entgegen. Solange nur 1 - 2 Personen etwas ordern wollen, ist das ok. Brechen aber Stoßzeiten, wie zum Beispiel die Halbzeit, an, wirkt sie zunehmend gestresst, läuft hektisch zwischen den Bier- Wasser- und Colakästen herum und stellt anschließend Getränke auf die Theke, die so gar nicht bestellt wurden. Oder es wird falsch abgerechnet.

Einen für dich, einen für mich –
ruhig mal selbst einen einschenken!

Person B ist da wesentlich routinierter, sie macht sich absolut keinen Stress: „Ich bin schließlich nicht auf der Arbeit!“ Alles ist easy. Ob diese Gelassenheit davon kommt, weil sich auch mal einer selbst eingeschenkt wird – man weiß es nicht. Auf jeden Fall läuft alles nach Plan, die Leute müssen zwar mal etwas länger warten, dafür bekommen sie aber das, was sie bestellt haben, und das zum korrekten Preis. Läuft.

Amateurfußball ohne eine anständige Bewirtung ist undenkbar, sie gehört einfach dazu. Und auch wenn es mal etwas länger dauert, diese Tatsache hält niemanden davon ab, sich auch am nächsten Spieltag wieder anzustellen. Wie gesagt, es muss sich ja lohnen, erst recht, wenn das Spiel nicht vom Hocker haut …

DER PLATZWART:

Beim Tennis wird er Greenkeeper genannt, beim Fußball ist diese Bezeichnung nicht ganz angebracht, es soll nämlich Platzwarte geben, die sich nicht um echte Grashalme, sondern um welche aus Kunststoff kümmern müssen. Oder um gar kein Gras, sondern um Asche und spätestens ab hier ist der Begriff Greenkeeper dann völlig fehl am Platz, es sei denn, es gibt unkontrollierten Grünbewuchs in Form von Unkraut oder diversen Gräsern am Spielfeldrand.

Die Sprinkleranlage:
ballert auch mal mitten im Training oder Spiel los

Von der Art des Untergrundes hängt natürlich auch das Stellenprofil eines Platzwartes ab. Verfügt sein Verein über ein grünendes Grün, so gilt es, dieses regelmäßig zu mähen, Unkraut zu jäten, Löcher zu stopfen und den Platz bei Bedarf von der Maulwurfplage zu befreien. Gemäht werden muss ein Kunstrasen zwar nicht, dafür will er jedoch regelmäßig abgebürstet werden, damit sich die Halme wieder schön aufstellen. Der Nostalgiker unter den Platzwarten macht dies nur widerwillig, da er seit Jahren sauer auf die Kunstrasenindustrie ist. Aus Leidenschaft verfügt er über einen grünen Daumen und würde sich viel lieber mit Naturrasen beschäftigen. Aber man kann nicht alles haben. Und auch der Ascheplatz hat Pflege gern, besonders wenn mit einer Art Netz über ihn gefahren wird und dieses dabei sanft und gleichmäßig die Körner verteilt. Zusätzlich zur Platzpflege muss der Platz, falls er aus Naturrasen oder Asche besteht, regelmäßig abgestreut werden. Der gelassene Platzwart macht das Pi mal Daumen mit Augenmaß, der akribische berechnet jede Linie geometrisch genau und der faule lässt den Job lieber andere machen, zum Beispiel die Mannschaft, die als Nächstes spielen muss. In den Sommermonaten ist auch das gekonnte Einstellen der Sprinkleranlage nicht zu unterschätzen, dies kann nämlich sehr tricky sein. Plätze, die auf einer Seite furztrocken sind und an anderen Stellen fast schon unter Wasser stehen, sind keine Seltenheit. Als Überraschungsmanöver legt die Spenderin des kühlen Nasses ab und an auch einfach mal ungefragt von selbst los, unabhängig davon, ob gerade Trainings- oder Spielbetrieb herrscht.

Es gibt immer was zu tun: Notfalls werden sogar Dinge repariert, die gar nicht kaputt sind

Zusätzlich fallen natürlich noch viele andere Aufgaben an. Nicht nur der Platz, sondern auch das Drumherum soll schließlich in Schuss gehalten werden:

- Die Kabinen möchten porentief rein gefegt, gewischt und geflitscht werden, wenn es die Spieler am Vorabend mal wieder nicht vernünftig hinbekommen haben.
- Die zahlreichen Klamotten, die von Kindern und Erwachsenen vergessen wurden, müssen eingesammelt und gelagert werden. Solange, bis das ganze Zeug dann irgendwann in den Altkleidercontainer geworfen wird.
- Nach Schützenfest, oder wenn das Heimteam zu viele verletzte Spieler hat, gilt es, das „Der Platz ist gesperrt!“-Schild aufzustellen, um dem Spiel so aus dem Weg zu gehen.
- Es will regelmäßig irgendetwas repariert werden, selbst wenn es gar nicht richtig kaputt ist.

- Darüber hinaus muss organisiert und entschieden werden. „Ist noch genug Kreide zum Abstreuen da oder muss nachbestellt werden?“, „Wann ist der Platz für einen Tag frei, damit ich Kunstdünger drauf streuen kann?“ Und: „Was mache ich nun mit dem Maulwurf, der mir den ganzen Platz umgräbt, aber unter Artenschutz steht?“

Fragen über Fragen und Aufgaben über Aufgaben, die allesamt geklärt und erledigt werden müssen, aber mit seiner jahrelangen Routine meistert der Platzwart alles perfekt. So werden bereits am nächsten Tag ein paar Säcke Kalk geliefert, der Platz nach einem leichten Sommerregen völlig unerwartet aufgrund von Grünpflege gesperrt und auch die Maulwurfshügel sind auf einmal verschwunden und kommen nicht wieder. Wie er das gemacht hat, bleibt sein Geheimnis, gesehen hat auf jeden Fall keiner was. Nicht zuletzt deshalb, weil er seine Arbeit zu Zeiten verrichtet, in denen sich kein Spieler auf dem Platz bewegt, häufig morgens oder mittags. Wenn überhaupt, wird er mal in seiner „Freizeit“ wahrgenommen. Zum Beispiel wenn er zufällig am Platz ist und sieht, wie Spieler mit dreckigen Schuhen in die Kabine gehen. „Die Schuuuuhe aus!!!“ Ansonsten wird er eher in seinem Garten gesehen, unter anderem wenn er mürrisch vom Gartenzaun aus grüßt. In einigen Fällen wohnt er nämlich direkt neben dem Sportplatz. Kurze Wege und so …

DIE SENIOREN:

Der Hans, der Franz, der Anton, der Josef oder der Karl-Heinz, um nur ein paar typische Namen zu nennen. Senioren sind aus so gut wie keinem Kreisligaverein wegzudenken, ihr Blut fließt in den Vereinsfarben durch die Adern und auf ihrer Stirn ist förmlich das Vereinswappen zu sehen. Sie sind das typische Vereinsinventar und das ist auch gut so, denn sie sind von unschätzbarem Wert für alle Beteiligten. Aus den vielfältigsten Gründen: Zuallererst verfügen sie natürlich über einen enormen Erfahrungsschatz, immerhin haben sie ja schon ein paar Jahre auf dem Buckel und ordentlich was mitgemacht. Mit ihren Erfahrungen aus dem Real life, früher als Kind, später als Erwachsener und gegebenenfalls auch als Ehemann, Familienvater und Opa, könnten sie ganze Bücher füllen und den jüngeren Generationen den ein oder anderen sinnvollen Tipp mit an die Hand geben.

Viele Senioren sind sich einig:
Wir brauchen den Libero zurück. Unbedingt!
Sofort!

In Sachen Fußball kann diese Erfahrung ebenfalls sehr wichtig sein, allerdings nicht immer. Der Sport hat sich im Laufe vieler Jahre selbst in der Kreisliga weiterentwickelt und das möchte nicht jeder Fußballveteran so wahrhaben. Sätze wie „Früher war alles besser“ oder „Viererkerkette? Alles Firlefanz! Wir müssen wieder mit Libero spielen!“ sind sonntags auf der Rentnerbank ein Dauerbrenner. Ob es damals mit Außendecker, Mittelläufer, Vorstopper und Libero wirklich besser war, wer weiß das schon? Ist aber auch ganz egal, viel wichtiger ist die Tatsache, dass man auf ältere Personen zurückgreifen kann, selbst wenn ihre Motzerei auch mal nervt. Wobei, irgendwie sind ihre Fehden mit dem Schiedsrichter, den gegnerischen Spielern oder dessen Trainer hin und wieder sogar sehr unterhaltsam. Man erzählt sich, der ein oder andere Rentner bringt selbst bei strahlendem Sonnenschein immer seinen Regenschirm mit, um im Notfall höchstpersönlich vom Spielfeldrand aus den Sololauf des gegnerischen Rechtsaußen stoppen zu können.

So oder so sind sie zweifelsfrei eine wahnsinnige Bereicherung für den Amateursport: einerseits in Form von Feedback und Ratschlägen, anderseits durch tatkräftige Unterstützung. Sie sind emsig ohne Ende, eine Mischung aus fleißigen Bienchen, schneller Eingreiftruppe und den Heinzelmännchen. Mit der Erfahrung aus hunderten von Jahren und mit einer Gelassenheit, die ihresgleichen sucht, wird akribisch, wie ein Dremel, gearbeitet. Es gibt nichts, was sie nicht können, alles, was nicht niet- und nagelfest ist, machen sie zu ihrem Projekt. Mal geplant und vorher abgesprochen, mal aber auch völlig überraschend, zum Beispiel in Form von kleineren Umbaumaßnahmen am Sportplatz.

Das Portfolio ist breit gestreut, von einem Mal pro Woche rund um den Sportplatz aufräumen über Pflasterarbeiten am Parkplatz bis hin zur längst überfälligen Renovierung der Kabinen – was sie alles in Eigenleistung bewerkstelligen – unbezahlbar!

Mindestens ein Mal pro Woche Prioritäten setzen: Maloche am Sportplatz statt Kaffee Hag und leichtem Gebäck

Würden dem Verein alle Stunden, die von den Senioren abgeleistet werden, berechnet, wäre dies ein ganz teurer Spaß, rote Zahlen, Beitragserhöhung und ein Schatzmeister kurz vor dem Kreislaufkollaps vorprogrammiert. Aber die ältere Generation will gar keine Kohle, sie macht es aus Verbundenheit und freut sich, wenn sie gebraucht wird. Das ist nicht selbstverständlich! Statt für den Club zu buckeln, könnten sie schließlich auch mit ihrer geliebten Ehefrau in der Stube sitzen und bei einem Tässchen Kaffee Hag, leichtem Gebäck und einem Stück Käse-Sahne Kreuzworträtsel lösen. Oder den Garten auf Vordermann bringen, er kümmert sich um den Rasen, sie pflegt das Beet. Natürlich wird das auch gemacht, aber ab und zu, mindestens ein Mal in der Woche, ist es für die Altveteranen einfach schön, mit ihren langjährigen Freunden etwas für den Sportverein zu machen. Und wenn es nur der kurze Stopp während der DIF (Dorf-Informations-Fahrt) ist, bei dem einmal kurz nach dem Rechten gesehen wird. Schließlich soll ja alles im Lot sein im Verein, für den sie selbst viele Jahre gespielt haben und den sie liebevoll in ihrem Herzen tragen …

3.3: Die Schiedsrichterin / der Schiedsrichter

Slogan einer DFB-Imagekampagne: „Alle wissen, wo sein Auto steht – Er pfeift drauf!“ Aha. Der Unparteiische, eine Person, ohne die im Spiel rein gar nichts geht. Es braucht jemanden, der sich der Aufgabe verschrieben hat, für Recht und Ordnung auf dem Platz zu sorgen, sonst ginge früher oder später alles drunter und drüber. So gesehen ist es ja etwas sehr Gutes, dass es Leute gibt, die sich dieses Jobs annehmen, leider scheiden sich aber immer wieder die Geister am Mann in Schwarz (früher), Gelb, Grün oder Rot (heute). Aber warum ist das so? Holen wir dazu etwas aus: Wer sind überhaupt die Leute, die, statt selbst zu kicken, lieber in anderer Funktion am Spiel teilnehmen? Hier eine kleine Auswahl …

Typ 1 – Der Alte:

Merkmal: Der Gesichts-Älteste am Sportplatz. Wird in Insiderkreisen auch Gandalf genannt.
Einsatzgebiet: Mittelkreis, mehr geben die morschen Knochen nicht mehr her.
Stärke: Ihm macht niemand mehr etwas vor, er hat seine ganz klare und eigene Meinung.
Schwäche: Ihm macht niemand mehr etwas vor, er hat seine ganz klare und eigene Meinung.

Typ 2 – Der Jungspund:

Merkmal: Milchbubigesicht, könnte auch als Balljunge oder Einlaufkind durchgehen.
Einsatzgebiet: Überall, er läuft mehr als alle Spieler zusammen.
Stärke: Hochmotiviert, er verleiht dem Spiel etwas Professionelles.
Schwäche: Hat hin und wieder Angst vor Spielern mit Bart, die ihn böse anschauen oder sogar anschreien.

Typ 3 – Der mit Übergewicht:

Merkmal: Beim Blick auf seinen Bauch erscheint es, als hätte er den Spielball verschluckt.
Einsatzgebiet: Ein ca. drei mal drei Meter großes Feld auf Höhe der Mittellinie.
Stärke: Sieht Abseits aus jeder noch so entfernten Position.
Schwäche: Wirkt oft unkonzentriert, besonders wenn der Geruch von frisch Gegrilltem über das Spielfeld weht.

Typ 4 – Der überaus Motivierte:

Merkmal: Ist heiß wie Frittenfett und jederzeit auf Ballhöhe.
Einsatzgebiet: Ähnlich wie der Jungspund, überall.

Stärke: Er sieht alles und pfeift auch alles.
Schwäche: Er sieht alles und pfeift auch alles.

Typ 5 – Der überaus Unmotivierte:

Merkmal: Allzeit schlecht gelaunt, möchte weder genervt noch angesprochen werden. Das Trikot hängt immer aus der Hose.
Einsatzgebiet: Nirgendwo so richtig, das ist ihm aber auch total egal.
Stärke: Sieht alles nicht so eng.
Schwäche: Erscheint manchmal nicht.

Typ 6 – Der, der immer reden will:

Merkmal: Kommentiert alles und will jede Situation noch mal durchsprechen.
Einsatzgebiet: Weniger auf Ballhöhe, dafür aber stets in der Nähe der Spieler.
Stärke: Wirkt nahbar.
Schwäche: Ist niemals sprachlos.

Typ 7 – Der, der woanders unterdrückt wird:

Merkmal: Will permanent das Sagen haben, duldet keine Diskussion und zückt schnell Karten.
Einsatzgebiet: Überall dort, wo er sich gut aufspielen kann.
Stärke: Keine.
Schwäche: Lebt in (s)einer Traumwelt.

Typ 8 – Der, der alles pfeift:

Merkmal: Pfeift bereits Foul, wenn sich Spieler und Gegenspieler nur schief angucken.
Einsatzgebiet: An jedem Ort, wo er ein Foul vermutet.
Stärke: Wenn er ein Spiel leitet, gibt es die wenigsten Verletzungen.
Schwäche: Schafft keine Minute ohne Pfiff. Spielfluss Fehlanzeige.

Typ 9 – Der, der gar nichts pfeift:

Merkmal: Pfeift höchstens mal nach einer Kehlkopftodesgrätsche. Wenn überhaupt.
Einsatzgebiet: Überall, nur nicht dort, wo er sein sollte.
Stärke: Keine.
Schwäche: Hat die Sportart verfehlt, wäre beim Rugby oder Ultimate Fighting besser aufgehoben.

Typ 10 – Der Parteiische:

Merkmal: Pfeift total souverän, jedoch nur für eines der beiden Teams.
Einsatzgebiet: Überall dort, wo er „seinem“ Team helfen kann.
Stärke: Keine.
Schwäche: Agiert meist zu offensichtlich.

Schiedsrichter, die die TOP 10 nur knapp verpasst haben, aber trotzdem kurz erwähnt werden sollten:

- Der, der, wenn er pfeift, dies nur auf Zuruf tut.
- Die Schiedsrichterin, die nach dem Match von den Spielern Freundschaftseinladungen bei Facebook bekommt.
- Der Unverhältnismäßige, der bei Widerworten sofort Gelb gibt, den Ellenbogen im Gesicht aber weiterlaufen lässt.
- Der, der nur zugucken wollte und nun einspringen muss, weil der angesetzte Schiri nicht kam.
- Der Kultschiri, den jeder mit Namen kennt und bei dem jeder weiß, wie er tickt.

Manchmal haben die Spieler bereits nach der Passkontrolle das erste Mal die Schnauze voll

Unabhängig davon, wie ein Referee nun drauf ist, bei jedem kann gesagt werden: Pfeift er vernünftig, unauffällig und souverän, so ist das nichts Besonderes und wird, wenn überhaupt, höchstens mal mit einem „Gut gesehen" im Spiel oder einem „Gut gepfiffen!" nach der Partie honoriert. Das andere Szenario ist deutlich emotionaler. Nämlich dann, wenn der Referee mal nicht seinen besten Tag hat, sich bei kleineren Entscheidungen mal vertut oder sogar in einer absolut spielentscheidenden Situation komplett danebenliegt. Eigentlich muss er sich noch nicht mal vertun, es reicht schon, wenn sich ein Team lediglich benachteiligt fühlt. Ob diese Annahme berechtigt ist oder nicht, tut dabei gar nichts mehr zur Sache, Fakt ist, dass der Schiri sich dann ganz schön was anhören darf. Leider kommt es sogar auch immer öfter vor, dass der Schiedsrichter als Freiwild betrachtet und angegangen wird. Die Breitseiten kommen aus allen Richtungen, von den Spielern, vom Trainer, von den Reservisten und auch von den Zuschauern. Sätze wie „Das kann doch nicht dein Ernst sein", „Ungeheuerlich, was du hier pfeifst", „Das ist doch lächerlich" oder „Schiri, das war ein geiles Spiel, schade, dass du es nicht gesehen hast!" sind noch verhältnismäßig nett.

Das Schiedsrichterleben kann also recht schwierig sein, das muss an dieser Stelle fairerweise gesagt werden. Teilweise, und das müssen auch die Schiedsrichter unter uns zugeben, sind sie aber auch nicht ganz schuldlos an den unzähligen Diskussionen auf und neben dem Platz. Fehlentscheidung hin oder her, jeder macht mal Fehler, darum geht es auch gar nicht. Einige Kracher unter den Unparteiischen haben jedoch sonntags ein Auftreten, das an Überheblichkeit kaum zu überbieten ist. Einmal in der Woche scheinen sie auch mal in die Hauptrolle schlüpfen und Regie führen zu wollen. Manche sind sogar so straight unterwegs, dass die ersten Spieler schon nach der Passkontrolle vor dem Spiel die erste XXL-Krawatte haben. Wird es ihnen im Laufe des Spiels dann zu bunt und sie machen ihrem Ärger Luft, werden sie unverzüglich angeschrien und mit einer gelben Karte bestraft. Natürlich ist Arroganz oder das Nicht-Eingestehen von Fehlern kein Freifahrtschein, auf dem Schiri rumzuhacken, das muss ganz klar gesagt werden. Jedoch gehören immer zwei Seiten dazu. Sicher könnten diverse Schiris in gewissen Situationen ruhig etwas mehr menscheln. Aber diese Randgruppe besteht zum Glück nur aus einigen wenigen (Achtung: Wortwitzgefahr!) schwarzen Schafen. Und deshalb wollen wir an dieser Stelle einmal Partei für diejenigen ergreifen, die ihren Job ernst nehmen und ihn im Sinne des Sports ausüben. Die froh sind, wenn sie nicht im Mittelpunkt stehen, und die einfach mit Spaß ein Teil eines tollen Fußballspiels sind, nicht mehr und nicht weniger.

„Danke“, dass ihr dem Spiel Woche für Woche zu einem geordneten Verlauf verhelft. Und „Danke“, dass ihr auch darübersteht, wenn euch irgendwelche

Sprüche bezüglich eurer Leistung um die Ohren fliegen. Wie hier und dort mit den Schiedsrichtern umgegangen wird, ist alles andere als in Ordnung und so darf sich niemand wundern, wenn einige das Pfeifen irgendwann sein lassen oder erst gar nicht mehr damit anfangen. Darunter leiden dann alle. Aus diesem Grund, unser Appell: FAIR PLAY, auch den Schiris gegenüber …

Kapitel 4: Die Special Guests

4.1: Der Kapitän

Der Typ, der bei Bedarf auch mal die Kabinenansprache übernimmt. Kapitän eines Teams, egal ob beim Fußball oder in einer anderen Sportart zu sein, ist schon etwas Besonderes. Immerhin haben Trainer und / oder Mannschaftskameraden, je nachdem ob gewählt oder bestimmt wurde, das Vertrauen in die jeweilige Person gesetzt, die Mannschaft zu führen und zu vertreten. Aus diesem Grund erfüllt es den ein oder anderen verständlicherweise mit Stolz, wenn er sich die Binde, häufig aus den schwarz-rot-goldenen Farben bestehend und gelegentlich auch mit Captain-Morgan-Aufdruck versehen, umschnallen darf. Häufig ist er schon ewig im Verein und genauso lange auch Kapitän. Entweder man hat dieses gewisse Etwas und ist für dieses Amt geboren oder halt nicht.

Voller Stolz wird sich jeden Sonntag die schwarz-rot-goldene Binde mit Captain-Morgan-Aufdruck umgeschnallt

Dieses gewisse Etwas ist viel wichtiger als die fußballerischen Fähigkeiten. Klar, der größte Rumpelfuß im Team wird wohl nie Kapitän werden, aber man muss auch nicht der mit Abstand beste Kicker im Team sein, um der Mannschaft vorzustehen.

Falls der Kapitän mal neu im Verein ist, so hat er zumindest früher schon mal dort gekickt und so einen Bezug zum Club. Eine Ausnahme gibt es aber doch: ein überdurchschnittlich guter Fußballer, der gerade aus höheren Ligen nach unten gewechselt ist, könnte sogar als Fremder in seinem neuen Verein Mannschaftsführer werden. In der Regel sind es aber Einheimische, die dieses Amt bekleiden. Für alle, die sich manchmal fragen, was ein Capitano so die ganze Zeit macht, hier eine kurze Zusammenfassung:

NEBEN DEM PLATZ:

- Stehen Arbeitseinsätze, zum Beispiel am Sportplatz, an, so koordiniert er sein Team. Heißt konkret, er läuft jedem hinterher und bittet sie mehr oder weniger freundlich darum, sich zu engagieren und einzubringen.
- Ist vor dem Spiel eine Feierlichkeit angesagt, an der mehrere Spieler des Teams teilnehmen, so ist er derjenige, der im Laufe des Abends mahnende Worte an die Mitspieler richtet, mal langsamer gehen zu lassen.
- In der Kabine oder am Sportplatz schreit er den Mannschaftsgruß heraus, wenn irgendjemand mal wieder eine Kiste Bier geschmissen hat.
- Er wird als Erster aktiver Spieler gefragt, was er vom Trainer hält, wenn mal eine Talsohle durchschritten wird oder es darum geht, ob mit dem Coach verlängert werden soll oder nicht.

AUF DEM PLATZ:

- Er führt die Begrüßung aus und versucht anschließend, die Seitenwahl für sein Team zu gewinnen.
- Er haut vor dem Match im Spielerkreis noch mal ein paar motivierende Worte raus.
- Er geht auf dem Platz voran und versucht, sein Team mitzureißen.
- Er ist derjenige, der sich offiziell als Einziger beim Schiri beschweren darf, was er auch tut, so ein Freifahrtschein muss schließlich genutzt werden.
- Er beruhigt oder ermahnt, meist nach Aufforderung vom Schiedsrichter, diverse Leute am Spielfeldrand: seinen Trainer, die Zuschauer oder den Besitzer des Hundes, der den Vierbeiner mal wieder nicht angeleint hat.

Das Aufgabenprofil des Captains ist also äußerst vielschichtig, sowas schafft kaum jemand mal eben im Vorbeigehen. Aber er hat's nun mal drauf, macht einen guten Job und ist im Team anerkannt. Sein Wort hat Gewicht, wie es sich für einen guten Leader gehört …

4.2: Der Besondere

Es gibt solche und solche Fußballer auf dem Platz: gute, schlechte, langsame, schnelle, ruhige, laute und so weiter. Darüber hinaus gibt es noch den ein oder anderen Chabo, der manchmal sogar interessanter ist als das Spiel an sich. Der Besondere! Das Besondere am Besonderen: Er verfügt über ein Alleinstellungsmerkmal, das in seinem Team so gut wie kein anderer vorweisen kann. Genau das macht ihn so unnachahmlich und zu einer echten Marke. Dieses eine USP kann von Besonderen zu Besonderen unterschiedlich sein und muss auch nicht unbedingt etwas mit Fußball zu tun zu haben. Kreisliga eben! Zur Veranschaulichung hier eine kleine Sammlung von besonderen Typen, die sicher jeder schon mal kennengelernt hat. Im Angebot wären z. B. der …

… Partyhengst: Sein Lieblingstier ist der Zapfhahn, man trifft den Dude zwar nicht jeden Sonntag auf dem Spielfeld an, dafür aber an jedem Samstagabend auf irgendeiner Party, trinkend an der Theke oder unkoordiniert schwofend auf dem Tanzparkett. Der verkappte Rockstar hat laut eigener Angaben im besoffenen Kopp seine besten Spiele gemacht.

... Mini-Messi: Der für die Liga, in der er sich bewegt, viel zu gut ist und mindestens eine Klasse höher spielen müsste. Macht er aber nicht, weil es ihm in seinem Verein sehr gut gefällt. Fummeln kann er wie kein Zweiter, wenn er zum Dribbling ansetzt, heißt es auch mal schnell: „Die nächste Runde geht rückwärts!" Sehr zum Leidwesen seiner Gegenspieler.

... Tourist: Sportlich der Schwächste im Team, das sagt ihm aber keiner so direkt, weil er einfach ein netter Kerl und überall (außer auf dem Platz) eine echte Bereicherung für das Team ist. So wird er Saison für Saison mit durchgezogen. Bei Trainingsspielen wird er, wie sollte es anders sein, natürlich als Letzter gewählt.

... Loyale: Der bereits als Baby im Verein angemeldet wurde und schon seit der F-Jugend für diesen kickt. Für kein Geld der Welt würde er wechseln. Übernimmt früher oder später zusätzlich Vorstandsaufgaben oder trainiert eine Jugendmannschaft.

... Vereinshopper: Das ganze Gegenteil vom Loyalen, er hatte sie nämlich schon alle – zumindest die Vereine. Hat gefühlt bereits für jeden Verein im

Umkreis von 15 Kilometern gekickt, gern auch gegen ein paar Scheine.

... Unbeliebte: Hans Wurst und komischer Vogel zugleich, er macht in wirklich jedem Spiel Stunk und besitzt bei Schiedsrichtern ein Vorstrafenregister, das so dick ist wie ein Telefonbuch. Ihn kann außer dem eigenen Team wirklich niemand ab. Und selbst da mögen ihn nicht alle.

... Lieblingsspieler: Fleißig, nett und immer da. Das Zwiebackgesicht ist nicht nur der Traum aller Schwiegermütter, sondern auch aller Trainer, Zuschauer, Schiedsrichter und Mitspieler. Man könnte ihn ständig knuddeln und liebevoll in die Wangen kneifen, weil er einfach so knuffig und toll ist. Ein ganz solider Zocker ist der in jeder Lebenslage aufgeräumte Mensch übrigens auch.

... Glückspilz: Er kann gar nichts Besonderes vorweisen, hat aber mit Abstand die geilste Spielerfrau. Was ihn dann doch in gewisser Form besonders macht.

... Witzekapitän: Frühstückt jeden Morgen einen Clown und ist dementsprechend allzeit für einen Schenkelklopfer bereit. Die Leistung auf dem Feld geht so, dafür verleiten seine Auftritte in der Kabine häufig zum Abrollen. Besonders stark ist er, wenn es wieder einmal heißt: „Füße hoch, der nächste Witz kommt flach!“ Rofl. Lol.

… Gelackte: Er ist ein sehr schöner Mensch, meint er zumindest. Wie er über den Platz stolziert, könnte man denken, er hätte den Beruf verfehlt. Schönes Haar und selbstverständlich mit den neuesten Tretern ausgestattet, Adel verpflichtet eben. Wahlweise tritt er zusätzlich noch braungebräunt vom Asitoaster oder frisch aufgepumpt aus der Muckibude auf. Kein Tag vergeht, an dem er nicht den Swag aufdreht. Darüber hinaus mimt er auch gern mal die Diva und zickt ordentlich rum.

… Humorlose: Oftmals mit vollem Gesichtshaar und bösem Blick ausgestattet. Es wird behauptet, er würde täglich einen Liter Schweineblut trinken, vor ihm und seiner Spielweise haben alle Angst. Im Training die Mitspieler, im Spiel die Gegner, manchmal sogar sein eigener Trainer. In der Fairplay-Tabelle katapultiert er sein Team im Alleingang nach ganz unten, mit ihm ist nicht gut Kirschen essen, zumindest nicht auf dem Feld. Sperren kommen somit immer wieder mal vor. Sie werden dann mit einem „Nächste Woche hätte ich eh keine Zeit gehabt“ kommentiert. Auch das meint er todernst.

Obwohl es also sehr viele verschiedene „Besondere“ gibt, so sind sie doch in einer Sache alle vereint: Man kennt sie, sie sind alles andere als No Names und oft weit über die Grenzen ihres Teams hinaus bekannt. Das geht teilweise sogar so weit, dass der Besondere für viele gegnerische Teams fast schon das Gesicht seiner Mannschaft ist: „Morgen geht’s wieder gegen den TuS Hassenichgesehen, mit dem einen Typen, ihr wisst schon wer, dieser eine …!" So weit muss man es erstmal bringen, Hut ab, selbst wenn der Ruhm recht zweifelhaft ist. Auch wenn er polarisiert, er entertaint die Zuschauer, das kann nicht jeder …

4.3: Die Spielerfrau

Es gibt sie in allen Variationen: klein, mittel oder groß – mopsig, normal oder gertenschlank – bildhübsch, tageslichttauglich oder halt das Gegenteil davon – bieder, sexy oder verrucht – schlau, weniger schlau oder doof – Kurzhaarschnitt, mittellang oder Pferdemähne – blond, brünett, schwarz oder rot – gefärbt oder natur – glatt, gewellt, gelockt oder geflochten – Zopf, offen, Partypalme, Dutt oder Bob.

Ganz klar, es geht um die bessere Hälfte des gemeinen Kreisligafußballers: sein Schmuckstück, seine Auserwählte, seine Flamme, seine Perle, sein Mäuschen, seine Herzdame, seine Frau, Lebensabschnittsgefährtin oder sein Betthäschen („Freundschaft plus", Anm. d. Redaktion). Zugegeben, besonders mit den eingangs genannten Wörtern arg oberflächlich beschrieben, ist dies jedoch auf gar keinen Fall böse gemeint. Im Gegenteil, wir möchten hier die Gelegenheit beim Schopfe packen und allen Amateurfußball-Spielerfrauen huldigen, indem wir ihnen ein paar Zeilen widmen. Aus gegebenem Anlass, hier ein kleiner Auszug aus der Vielfalt der Spielerfrau. Es gibt so einige interessante Charaktere. Vorhang auf für ein paar entzückende Beispiele ...

... die Abgeneigte: Sie hasst Fußball so sehr, deshalb kommt sie auch nie mit zum Sportplatz. Fußball ist kacke und die Jungs aus der Mannschaft auch. Wenn es nach ihr ginge, hätte er schon lange aufgehört.

... die Desinteressierte: Die zwar mitkommt, aber lediglich um mit ihren Freundinnen zu kichern, tratschen und abzulästern. Wie das Spiel ausgegangen ist, weiß sie in den seltensten Fällen, obwohl sie zumindest körperlich 90 Minuten da war.

... das Model: Benutzt den Sportplatz als Bühne und hat mehr Schminke im Gesicht als ein Clown. Mit hohen Absätzen über den Kunstrasen? Gar kein Problem, ihr Catwalk ist einfach überall. Fußball? Nebensache …

... die Trittbrettfahrerin: Ist genau gesehen gar keine Spielerfrau, dafür fehlt ihr nämlich der Kerl. Dies möchte sie ändern und ist deshalb permanent am Sportplatz zugegen, stets auf der Lauer.

Spielerfrau zu sein hat also nicht unbedingt etwas mit Fußball zu tun. Aber es geht natürlich auch anders. Zum Beispiel …

… der gute Geist: Sie unterstützt ihn, wo es nur geht, wäscht seine Sportklamotten, macht während des Spiels Theke, sitzt anschließend mit in der Kneipe und fährt danach alle nach Hause oder ins Fast Food Restaurant.

… die Fußballerin: Sie kickt selbst in einer Damenmannschaft. Was dem Freund etwas unangenehm ist, da er nicht viel von Frauenfußball hält, dies aber nicht laut sagen darf, des Hausfriedens willen.

… die Fußballverrückte: Die Exotin unter allen, sie ist greller als ihr Kerl selbst. Was aber nicht verwunderlich ist, sie kommt aus einer Fußballerfamilie: Opa, Papa, Onkel und Bruder – alle sind oder waren dick im Geschäft. Sowas färbt ab.

Ganz egal welche Art Spielerfrau einen nun beehrt, eines muss jeder Kreisligavirtuose zugeben: Die Damen haben es oft nicht leicht. In der Woche müssen sie einen oder sogar mehrere Abende auf ihn verzichten, statt nach der Arbeit gemeinsam auf dem Sofa zu liegen, steht er auf'm Platz und versucht vergeblich, eine halbwegs vernünftige Leistung abzurufen. Sonntags das gleiche Bild, von wegen Spazieren gehen und Eis essen: Spieltach ist angesagt! Doch damit noch nicht genug, freut sie sich wenigstens noch auf einen gemütlichen Sonntagabend, kommt er nach der Schmach mit übelster Laune nach Hause und schmollt. Das andere Extrem: Nach den geilen drei Punkten dauert es Stunden, bis er es zurück ins traute Heim schafft. Zu allem Überfluss hat er auch noch gut einen sitzen und wundert sich, warum sie ihn nicht mit Sätzen wie „Bist du sicher, dass du genug getrunken hast?“ oder „Du bist so sexy, wenn du besoffen bist!“ begrüßt, sondern sauer ist. Für Streit bleibt glücklicherweise keine Zeit, da er zehn Minuten später einpennt. Ein weiteres Highlight: Er hat sich im Spiel verletzt, hat nun Knie, Fuß, Rücken oder gänzlich Körperklaus. Er tut sich so schrecklich leid. Was tun?

Machen wir uns nichts vor, Spielerfrauen müssen manchmal einen ganz schönen Streifen mitmachen. Und dafür wollen wir heute einfach mal „DANKE“ sagen. Auch wenn Mann es vielleicht meint, selbstverständlich ist das alles nicht, was sie für ihn macht. Von daher einen dicken Schmatzer und eine Umarmung für alle Spielerfrauen, ihr seid die Besten …

Kapitel 5: Die Statisten

5.1: Die Zuschauer

Mal frenetisch, mal teilnahmslos und gelangweilt, mal tobend als wütender Mob. Besucher der Kreisliga sind denen der schillernden Welt des Profifußballs gar nicht so unähnlich, Parallelen gibt es reichlich. Auch im unteren Amateurbereich treiben sich eine Menge Menschen rum, die sich regelmäßig Richtung Sportplatz aufmachen, um sich die Spiele ihres Vereins anzusehen. Weil Freunde oder Familienmitglieder dort spielen, weil sie selbst im Verein involviert sind oder weil sie einfach gern Fußball gucken, egal auf welchem Niveau. Zuschauer sind aber nicht gleich Zuschauer. Bei genauerem Hinsehen lassen sich die verschiedensten (Eigen-)Arten erkennen. Hier die Besten von ihnen, die an keinem Sportplatz fehlen dürfen. Die meisten zumindest. Kleiner Tipp: Sobald ihr dies gelesen habt, achtet demnächst mal auf die Personen an eurem Sportplatz. Jede Wette, dass es mindestens ¾ der folgenden Charaktere auch bei euch gibt?!

Kreisliga-Kiebitze: Schönwetterzuschauer, treue Seelen, Durstige, Spielerfrauen, Senioren & Co ...

Die Schönwetterzuschauer: Die Sofa-Zampanos, die sich nur blicken lassen, wenn es draußen mollig warm ist und die Sonne lacht. Zeigt der Himmel mal seine hässliche Fratze in Form von Niederschlag, braucht niemand mit ihnen zu rechnen. Die Wetterabhängigkeit macht sie alles andere als verlässlich. Hat man sich kurz vorher noch mit ihnen verabredet, kommen sie plötzlich doch nicht, „weil sich der Himmel zugezogen hat".

Die treuen Seelen: Sie kommen schon seit vielen Jahren regelmäßig zum Sportplatz. Nicht unbedingt zu den Auswärtsspielen, aber zumindest daheim verpassen sie nur sehr selten ein Match. Und wenn, dann gibt es einen triftigen Grund dafür. Die Abwesenheit wird dann auch umgehend von anderen Kiebitzen oder sogar einigen Spielern bemerkt: „Wo ist der Horst denn heute?" Ein Beweis dafür, wie verbunden sie mit dem Verein sind – und der Verein mit ihnen.

Die Durstigen: In Zeiten des Kneipensterbens haben die Durstigen eine nette Alternative für die Gaststätte gefunden: den Sportplatz. Das Ergebnis auf dem Feld ist für sie absolut sekundär, Hauptsache es gibt lecker Pilsbier. Wohl temperiert, sonst gibt's einen Rüffel für den Thekenheini in der Getränkebude: „Warum ist die Plörre nicht richtig kalt?" Im Rüffeln ist er ohnehin kein Schlechter, der Schiri nach einer Fehlentscheidung, der Stürmer nach einem Fehlschuss oder der Trainer nach einer Niederlage – jeder bekommt bei Bedarf sein Fett weg. Von Bier zu Bier fällt die Schelte übrigens deutlicher aus.

Die Spielerfrauen: Da die geliebten Spielerfrauen eine ganz besondere Art von Zuschauern sind, haben wir ihnen bekanntlich voller Gefühle ein ganz eigenes Kapitel (4.3) gewidmet.

Die Senioren: Und auch die Senioren haben wir ins Herz geschlossen. Im Kapitel 3.2 habt ihr bereits einiges über sie gelesen, dem eigentlich nicht viel hinzuzufügen ist.

Die Allesfahrer: Die „Air Bärons" und „Borstis" der Kreisliga. Sie sind das Herzstück des Vereins, auf sie ist Verlass. Egal, wie gut oder schlecht die Platzierung in der Tabelle ist, sie stehen zum Team und schauen sich die Spiele an, auch wenn diese noch so schlecht sind. Ob zu Hause oder auswärts macht keinen Unterschied, die Allesfahrer sind überall dabei. Durch das ganze Herumkommen wissen sie auch genau, wo es die beste Stadionwurst gibt, es gibt keinen Sportplatz, an dem noch keine vertilgt wurde.

Die Erfolgsfans: In schlechten Spielzeiten sind sie kein einziges Mal am Sportplatz, in erfolgreichen Saisons an jedem Spieltag. Sie sind wie das Fähnlein im Winde und springen gekonnt wie Trittbrettfahrer auf den Zug des Erfolges auf. Natürlich ist man über jeden Zaungast, der kommt, froh. Diese „Fans“ sind allerdings mit Vorsicht zu genießen. Feiern sie einen heute noch, ist man kurze Zeit später der Arsch vom Dienst.

Die 2. Mannschaft: An „Super–Sonntagen“ hat sie gemeinsam mit der 1. Mannschaft Heimrecht und spielt in der Regel unmittelbar vor ihr. Wäre ja fahrlässig, anschließend nach Hause zu fahren, kann sich das Match der Ersten doch gemütlich bei dem ein oder anderen Getränk zusammen mit den Mannschaftskollegen angesehen werden. Wenn man nicht einer der besseren Kicker aus der Zweiten ist und sich nach dem eigenen Spiel noch bei der Ersten auf die Bank setzen muss.

Zuschauer gibt es also solche und solche. Aber ganz gleich, wie sie nun drauf sind und welche Motivation sie haben, sich am Sportplatz zu zeigen: Als aktiver Kreisligakicker sollte man sich über jeden, oder sagen wir mal fast jeden, Zuschauer freuen. Es ist doch toll, wenn während des Spiels ein paar (bekannte) Gesichter am Spielfeldrand stehen und sich das Spektakel gönnen. Und selbst wenn mal ein paar kritische Sätze fallen, da muss man durch, schließlich zwingt einen ja niemand, scheiße zu spielen …

5.2: Die Vereinsmitglieder

Das sind die, die Jahr für Jahr den Beitrag zahlen, für verhältnismäßig kleines Geld alles nutzen dürfen und im Gegenzug dafür nicht selten hohe Ansprüche stellen. Wenn sie den Beitrag überhaupt zahlen beziehungsweise sich im Verein angemeldet haben. Manche sind zwar in irgendeiner Weise im Club unterwegs, versuchen aber permanent, unter dem Radar durchzurutschen und der jährlichen Beitragszahlung so zu entgehen. Bei Spielern ist dies gelegentlich auch so, sie kicken in einem Verein, in dem sie gar nicht registriert sind. Kann man so machen – muss man aber nicht! Auf der anderen Seite gibt es aber auch Mitglieder, die brav ihren Beitrag zahlen und so gut wie gar keine Gegenleistung dafür in Anspruch nehmen. Sie sind die passivsten unter den passiven Mitgliedern.

450 Mitglieder, bei der Jahreshauptversammlung wurden aber noch nie mehr als 80 Leute gesichtet – außer es gibt Freibier!

Bei einigen weiß man noch nicht mal, dass sie überhaupt im Verein sind, statt auf dem Sportplatz werden sie höchstens mal auf dem Schützenfest, in der Kirche oder im Supermarkt an der Fleischtheke gesichtet. Kaum zu glauben, aber mehr oder weniger unsichtbare Mitglieder gibt es jede Menge, was alle 365 Tage auf der Jahreshauptversammlung eindrucksvoll zur Schau gestellt wird. Laut Schriftführer hat der Verein 450 Mitglieder, bei der Generalversammlung tragen sich allerdings nie mehr als 80 Personen in die Anwesenheitsliste ein. Wenn überhaupt.

Einigen reicht diese passive und stille Mitgliedschaft, die paar Euro im Jahr schmerzen nicht, auch wenn sie so gut wie gar nichts davon haben. Andere ärgern sich jedes Mal, wenn der Beitrag abgebucht wurde, in diesem Moment fällt ihnen wieder ein, dass sie schon seit Jahren aus dem Verein austreten wollen, aber es jedes Mal versäumen. Täglich grüßt das Murmeltier sozusagen.

Eines ist klar, ohne Kohle könnte ein Verein nicht existieren. Um ihn dauerhaft am Puls der Zeit positionieren zu können, muss regelmäßig investiert werden. Zusätzlich fallen selbstredend auch laufende Kosten an. Was ist heute schon umsonst?

Ein Fußballverein ohne Fußballer ist wie Siegfried ohne Roy, Sancho ohne Pancho oder Heino ohne Hannelore

Nicht minder wichtig als die Kohle ist das Engagement der Vereinsmitglieder. Sie machen den Verein erst richtig attraktiv und füllen ihn mit Leben. Dabei darf sich niemand etwas vormachen. Alle Leute, die auf der Vereinsliste stehen, werden sich niemals vom Ofen weglocken lassen. Das muss aber auch gar nicht sein, die Mischung macht es: Solange es besonders stark engagierte Leute gibt, die Vorstands-, Trainer- oder Betreueraufgaben übernehmen, herrscht eine gesunde Basis. Die aktiven Fußballer dürfen natürlich nicht fehlen, am besten von ganz jung bis ganz alt. Ein Fußballverein ohne Fußballer wäre schließlich wie Siegfried ohne Roy, Sancho ohne Pancho oder Heino ohne Hannelore. Erklären sich zusätzlich zu den Vorstandsmitgliedern und Sportlern dann auch noch Menschen bereit, den Verein hin und wieder zu unterstützen, sei es durch Spenden oder tatkräftige Unterstützung bei Arbeitseinsätzen oder Feierlichkeiten, kann der Verein von sich behaupten, gut aufgestellt zu sein. Und so soll es schließlich sein …

Kapitel 6: Die Drehorte

6.1: Der Sportplatz

Die erste Frage: Zu Fuß hin oder fahren? Mit dem Auto können an vielen Sportanlagen aufgrund der Parkplatzproblematik schon die ersten Schwierigkeiten aufkommen. Die wenigen vorhandenen Flächen werden bereits von den Spielern beider Mannschaften in Beschlag genommen. Also muss ausgewichen werden, in solchen Fällen wird dann an der Straße (Stadt) oder am Feldweg (Dorf) geparkt. Blöd wird es, wenn der Landwirt sonntags Ernte hat und mit seinem Mähdrescher oder Ladewagen nicht durchkommt. Dann heißt es mitten im Spiel umparken. Dies aber nur am Rande, schließlich geht es ja um den Sportplatz und nicht um seine Parkflächen.

Sportplatzhoppern in Deutschland bieten sich Spielflächen in den verschiedensten Variationen. Manchmal schmückt sie ein sattes Grün und das Geläuf ist äußerst eben. Besonders im Sommer ist der Untergrund aber auch mal leicht braun, im Winter dagegen gleicht er mit all seinen Löchern einem Schweizer Käse. Used-Look heißt das in der Stadt, Kuhwiesen–Style im Dorf. Auf jeden Fall nichts für Freunde des gepflegten Kurzpasses. Vielerorts wäre man allerdings froh über einen Rasenplatz, wenn auch in schlechtem Zustand. Immer noch besser als ein betonharter Ascheplatz, der keine Fehler verzeiht und zu allem Überfluss auch noch Schmerzen verschiedenster Art bereitet. Nach jedem Spiel hat man sich geschworen, nicht mehr zu grätschen, ohne Erfolg. Nicht umsonst tragen etliche Altveteranen die roten oder grauen kleinen Körnchen schon seit mehreren Jahrzenten in ihrer Kniescheibe oder im seitlichen Oberschenkel. Ein Hoch auf den Verein, der über einen Kunstrasenplatz verfügt. Meint man zumindest, denn dieser ist auch nicht automatisch das Maß aller Dinge. Einige Kunstrasenpisten sind nämlich derart ausgenudelt, dass sie eher einem überdimensionalen Billardtisch gleichen. Glückliche Vereine verfügen dagegen über zwei Sportplätzte, Luxus pur, Neid kommt im Nachbardorf auf. Platz 1 ist allerdings uralt und wird vorrangig zum Trainieren benutzt. Platz 2 ist schön neu und gleicht einem Teppich. Flutlicht hat aber nur der alte Platz. Nachhol-Heimspiele auf dem Teppich in der Woche sind demnach Fehlanzeige.

Wo Fuchs und Gans sich noch gute Nacht sagen:
ein Sportplatz, mitten in der Pampa

Aber nicht nur der Belag, sondern auch die Spielfeldgröße ist variabel. Mal klein und schnuckelig, mal gefühlt größer als der Flughafen von Palma. Und selbst beim Neigungswinkel gibt es Unterschiede: Von wegen schön gerade, es gibt Plätze, da geht es erst eine Halbzeit mühsam bergauf und danach locker flockig abwärts. Und weil es so schön ist, hier noch etwas ganz Flexibles, nämlich der Ort der Sportanlage. Die einen befinden sich zwischen uralten Plattenbauten in der Stadt, andere neben der Kirche im Dorf und noch mal andere mitten in der Pampa, wo die Tiere des hiesigen Bauernhofes sich jeden Abend „Gute Nacht“ sagen und der Fuchs noch die Gans stiehlt. Na ja, wenigstens gibt es dort keinen Stress mit genervten Anwohnern wegen Lärmbelästigung oder Bombardements ihres Gartens durch verunglückte Klärungsversuche grobmotorischer Abwehrspieler. Draußen in der Prärie hat sich auf jeden Fall noch kein Wildtier offiziell beschwert.

Was die Ausstattung einer jeden Anlage angeht, so ist diese überall anders. Man sollte meinen, dass zumindest Umkleidekabinen überall zur Verfügung stehen. Irrglaube, an einigen Sportplätzen sind sie tatsächlich Fehlanzeige. Statt sich direkt am Platz umziehen zu können, muss erst noch durch das halbe Dorf gepilgert werden, entweder zu Fuß oder sogar mit dem Auto, was wenigstens nach dem Spiel recht angenehm sein kann.

Die Deko der Getränkebude: entweder eigene Merchandise-Artikel, Panini-Sticker oder die Bundesliga-Stecktabelle

Was es fast überall gibt, ist ein nettes kleines Büdchen für die Verpflegung. Oft liebevoll mit verschiedenen vereinseigenen Merchandise-Artikeln wie Schal, Mütze oder Kaffeetasse geschmückt. Und wenn es die nicht gibt, wurden alternativ im Laufe der Jahre Fanartikel aus dem Profifußball gesammelt und eindekoriert. Cola-Dosen aus den Neunzigern mit Vereinswappen der Erstligavereine, die Bundesliga-Stecktabelle aus dem Kicker oder diverse Panini-Bilder aus mehreren Jahrzehnten Bundesliga und Nationalmannschaft. Sie verleihen der Bude ein gewisses Flair, sind aber natürlich nicht der Hauptgrund, warum sie Spieltag für Spieltag von den Zuschauern aufgesucht wird. Denn sie haben nur ein wirkliches Ziel: verpflegt zu werden! Entweder in Form von schmackhaften Getränken oder durch etwas leckeres Essbares. Das Angebot ist dabei höchst unterschiedlich, die Standardkarte beinhaltet in der Regel Bier, Cola, Fanta, Wasser, alles für 1,- € oder 1,50 €. Budenbetreiber, die Kaufmannsgene in sich haben, bieten noch Heißgetränke an. Käffchen gibt es das ganze Jahr über, im Winter wird das Angebot sogar noch um Glühwein erweitert. „Mit Schuss? Rum oder Amaretto?“ Für 50 Cent extra wird das heiße Gebräu also wahlweise noch getunt.

Was ein kühles Bierchen sehr gut ergänzt, ist eine leckere Stadionwurst, die aber wirklich was können muss. Wo nicht gegrillt werden kann, gibt es alternativ Heißmacherwürstchen. Immerhin, besser als gar nichts. „Ketchup oder Senf kannste dir selbst nehmen, Brot auch.“ Gibt es die Brat noch so gut wie in jeder halbwegs gewissenhaft geführten

Versorgungsstation, haben Pommes hingegen, egal ob glatt oder geriffelt, einen wahrhaftigen Seltenheitscharakter . Umso schöner, wenn sie dann doch mal auf der Karte stehen. In dem Fall lautet die Bestellung der männlichen Kundschaft: „Eine Mantaplatte, bitte!“ Frauen mögen es dagegen süßer und genehmigen sich zum Kaffee ein Stück trockenen Kuchen, den die Frau des Vereinspräsidenten gebacken hat. Für 1,- € ein Geheimtipp und echtes Schnäppchen zugleich. Und auch die Kinder kommen auf ihre Kosten. Mars, Kinderriegel oder Gummiteilchen (Kirsch-Cola, Frösche und Schlümpfe) – alles im Angebot. Zugegeben, alles, was über Bratwurst und Pommes hinausgeht, ist schon ganz großer Sport, aber viele machen sich richtig Gedanken, geben sich Mühe und sorgen so am Spieltag neben den Eintrittsgeldern für etwas Zusatzumsatz. Haben sich die Zuschauer nun eingedeckt, suchen sie sich ein lauschiges Plätzchen, um das Spiel zu verfolgen. Manche Sportplätze verfügen über kleine Tribünen, die mit etwas Glück sogar überdacht sind. Ansonsten schnappen sich diejenigen, die nicht stehen wollen, eine der Bänke, die rund um das Spielfeld verteilt sind. Nicht jede Bank darf dabei genutzt werden. Ersatzbänke sowieso nicht, aber genauso wenig sollte man sich auf die Alte-Herren-Kompetenzbank der eingefleischten Senioren setzen. Es sei denn, man ist scharf auf Ärger.

Die treusten Bandenwerber: die Vereinskneipe, die Tankstelle, der Bäcker, die Fleischerei und der Supermarkt

Der Blick auf das Spielfeld ist von Sportplatz zu Sportplatz verschieden. Auf dem einen sitzt / steht man ebenerdig, auf dem anderen leicht erhöht, auf einem Erdwall oder oben an der Straße. Oder im Sportheim, vorausgesetzt es gibt solche Räumlichkeiten. Dort sitzen dann einige Kinder oder die Spieler der zweiten Mannschaft, die sich fleißig ihr 50-Liter-Fässchen abzapfen, während die Erste spielt. Auch Sitz- oder Stehplätze hinter dem Tor sind keine Seltenheit. Oft ohne Fangnetz. In diesem Fall herrscht permanent die Gefahr, einen Ball an die Zentrale zu bekommen, bekanntlich fliegen Kreisliga-Torschüsse ja auch ganz gern mal neben und über das Tor.

Wenn das Spiel mal wieder besonders langweilig ist, lohnt sich ein Blick auf die Werbebanden, sofern welche vorhanden sind. Keine hochmodernen LED-Teile wie in der Bundesliga, sondern einfache Bleche, von der nächstgelegenen Werbeagentur beklebt und von den Senioren fachmännisch angeschraubt. Manche Banden sind kaputt, weil wieder irgendein Idiot beim Training davorgeballert hat. Andere scheinen älter als der Sportplatz selbst, entweder gibt es die Firma schon ewig nicht mehr, oder in der Adresse taucht noch die vierstellige Postleitzahl auf. Die Gewerbe der meisten Banden sind in

jedem Ort gleich. Kein Sportplatz ohne die Werbebande der Vereinskneipe, der hiesigen Tankstelle, des Bäckers, der Fleischerei, des Supermarktes und, falls im Ort vorhanden, der Pizzeria.
Irgendwo steht dann noch ein Geräteschuppen und eventuell befindet sich am Spielfeldrand eine Sandgrube, in die wochentags kleine Kinder beim Schulsport reinspringen. Oder sonntags der Nachwuchs des Papas, der sich das Spiel ansehen möchte. Für Dad ist das eine gute Sache, ab mit dem Kind in den Sandkasten und schon hat er seine Ruhe.

Man sieht an den letzten Zeilen, Sportplätze in Deutschland können sehr schön, total runtergekommen, sehr einfach, fast schon luxuriös, neu oder alt sein, jeder ist anders. Aber trotzdem hat jeder etwas Besonderes, eine eigene Geschichte und das gewisse Etwas …

6.2: Die Kabine

Sie ist einer der ganz wenigen Orte, an dem ein Team komplett für sich sein kann. Wenn man mal so nachdenkt, war in der Kabine des eigenen Teams auch (eventuell bis auf die Physio) noch nie eine Frau, zumindest nicht, wenn sich umgezogen wurde oder eine Besprechung anstand.

Für viele Amateurfußballer gehört die Kabine genauso zum Fußball wie der grüne Rasen. Sie ist ein Ort der Emotionen, hier wurden auf den Bänken schon singend und tanzend Siege und Meisterschaften zelebriert. Aber auch geweint, zum Beispiel nach dem Abstieg. Frust gab es in kleinerer Form öfters mal, nach Niederlagen oder Auswechslungen wurden die Treter mit 1.000 km/h in die Ecke gepfeffert oder Leute angeschrien, die gerade einfach zur falschen Zeit am falschen Ort waren. Emotionen sind aber nicht alles, die Kabine ist vielseitig ohne Ende. Neben Siegen und Niederlagen oder Freude und Frust kann es in den vier Wänden auch ganz anders zugehen. Auf den Fußball bezogen wird hier auch ganz normal untereinander gesprochen, taktiert, diskutiert und philosophiert. Oder man lauscht einfach den Ausführungen des Trainers.

Die Kabine ist aber auch ein feiner Zufluchtsort, wenn der Fußball vorbei ist. In illustrer Runde wird nach dem Spiel oder Training über Gott und die Welt gesprochen, eine Menge dummes Zeug erzählt und dabei ganz viel gelacht. Das gehört im Amateurfußball einfach dazu, ohne diese gemütlichen Stunden wäre er nicht das, was er ist. Würde eine Umfrage gestartet, was im Kreisligafußball besonders zählt, kämen sehr häufig die Wörter „Kameradschaft" und „Geselligkeit" zum Vorschein. Und so ist bei genauerer Betrachtung eines klar, was vielleicht bisher noch nie so bewusst war: Wird über einen langen Zeitraum im Verein gekickt, verbringen die Akteure in Summe auch etliche Stündchen in diversen Umkleidekabinen. Im Laufe der Jahre werden hier also so manche Kleidungswechsel vollzogen, eine Vielzahl an Besprechungen abgehalten und etliche Gespräche geführt, sowohl rein sportlich mit einem Wässerchen in der Hand als auch nach getaner Arbeit mit dem Feierabendbierchen. Und das ist auch gut so.

Wenn sich die Wassertemperatur den Jahreszeiten anpasst: Im Sommer brüllend heiß, im Winter arschkalt!

Besonders Spaß macht das Verweilen in der Kabine natürlich, wenn's schön gemütlich ist. Trotz alledem sind die Kachelbuden der Kreisliga sehr verschieden. Mal klein bis winzig, mal schön geräumig, mal brandneu mit Vereinslogo in den Fliesen, mal aus den Sechzigern und demnächst ganz ohne Fliesen, da sich in schöner Regelmäßigkeit eine nach der anderen verabschiedet. Besonders bei älteren Kabinen ist auch Kollege Schimmel immer wieder mal ein Thema. Würden diese Räumlichkeiten ähnlich wie Restaurants getestet, hätte das Gesundheitsamt bereits etliche sofort dichtgemacht. Manche Kabinen haben noch nicht einmal vernünftige Wände, was aber nicht unbedingt schlecht sein muss. So geht man am Spieltag wenigstens wunderbar informiert in das Spiel, da die ganze Kabinenansprache des gegnerischen Trainers mitgehört werden konnte. Was auch mal vorkommen kann: sich die Kabine oder die Duschen mit einer anderen Mannschaft teilen zu müssen. „Taschen bitte alle in eine Ecke, es kommen gleich noch welche!“ Genauso nervig: Wenn von den acht Duschen nur vier vernünftig funktionieren und sich die Wassertemperatur den Jahreszeiten anpasst. Im Sommer kochend heiß und im Winter arschkalt.

Unabhängig von Größe, Alter und Beschaffenheit stellt sich auch die Frage, was aus einer Kabine gemacht wird. Das ein oder andere Team ist auf Zack und hat seine Kabine mit nützlichen und interessanten Dingen so gepimpt, dass man es dort bestens aushalten kann. Eine Musikanlage ist mittlerweile so gut wie überall Standard, Kühlschränke werden auch ab und an gesichtet und selbst Saunen gab es schon zu bestaunen.

Jeder hat seinen festen Platz: setzt sich ein anderer dorthin, klatscht es – aber keinen Beifall!

Fußballer sind also äußerst innovativ, um sich die Räumlichkeiten so nett wie möglich zu machen. Muss auch, denn hin und wieder ersetzt die Kabine sogar die Vereinskneipe, da man versackt ist, der Saloon Ruhetag hat oder es ihn gar nicht mehr gibt. Und so wird in schöner Regelmäßigkeit in der Umkleide Platz genommen. Nicht an irgendeinem Platz, sondern an SEINEM! Und wehe da sitzt ein Anderer, dann ertönt schnell ein „Ganz schön mutig! Und jetzt verzieh dich, ich sitze hier schon seit Jahren!“ Um solchen Missverständnissen vorzubeugen oder einfach als Gag, hängen mittlerweile in einigen Kabinen kleine Namensschildchen (evtl. mit Spitznamen) über den Bänken. Alternativ die Rückennummer oder sogar ein Foto.

Irgendwann geht dann auch der schönste Sporttag zu Ende, schnell noch eine Kippe auf den Zahn gelegt (obwohl es verboten ist, aber irgendwann, generell eher zu späterer Stunde, darf dann doch in der Kabine geraucht werden) und es geht ab nach Hause oder in die Pinte. Eventuell muss vorher noch schnell geflitscht werden, eine äußerst lästige Aufgabe, auf die niemand wirklich Bock hat. Zeitgleich räumt ein anderer noch schnell die Pullen weg, bevor es für den Dritten im Bunde heißt: „Der Letzte schließt ab!“ …

6.3: Die Vereinskneipe

Wie die Kabine ist auch die Vereinskneipe ein ganz besonderer Ort, im direkten Vergleich dann aber doch ganz anders. Zuallererst sind die Fußballer nicht total allein unter sich, hier prosten sich Abiturienten, Dachdecker, Kaufmänner und Lehrer während des betreuten Trinkens zu. Die Geselligkeit steht im Vordergrund. Sportlich bleibt es trotzdem, auch wenn es sich nur um gediegenen Trinksport handelt. Vielerorts gibt es die Gaststätte schon, seit man denken kann. Der erste Besuch war bereits als Kind, als der alte Herr einen einfach mal mitnahm, wenn ihm nach einem lecker Bierchen und etwas Gesellschaft gelüstete. Auf dem Barhocker angekommen, hat er sich dann für ’ne Mark ein frisch Gezapftes gegönnt und dabei eine nach der anderen gequarzt. Light–Zigaretten gab es damals kaum. Und wenn, dann waren sie verpönt, eher was für Weicheier. Stattdessen spuckte der Kippenschacht HB, Marlboro und Camel aus. Für die ganz Harten Roth-Händle ohne Filter. Während der Vater sich einen Schluck genehmigte und genüsslich an der Fluppe zog, stand der Sohnemann mit einer Hand voll 10-Pfennig-Stücken bewaffnet am Süßigkeitenautomaten und hat den Drehgriff so lange betätigt, bis bunte, runde Kaugummis oder rote, kandierte Erdnüsse heraus kamen. Die Automaten gibt es heute nicht mehr, dafür aber hängen noch die Mannschaftsfotos aus den Siebzigern, Achtzigern und Neunzigern sowie diverse Wimpel an den Wänden. Daneben zeugen ein paar Pokale von den guten alten Zeiten. „Kreispokalendspiel '84, eine Wahnsinnstruppe war das damals“, schwelgt der Kneipier immer mal wieder in seinem Gedächtnispalast in Erinnerungen. Er war damals Betreuer dieser Jahrhundertelf.

Der Kneipier und seine Frau, ein eingespieltes Team: Er zapft, während sie brät und frittiert, was das Zeug hält!

Seit fast 40 Jahren schmeißt er nun gemeinsam mit seiner Gattin den Laden und könnte so manch einen Schwank aus der Vergangenheit erzählen. Gemeinsam mit ihrer zugleich urigen und schummrigen Einrichtung, die mangels Durchlüftung und jahrelanger Raucherei etwas vergilbt wirkt, haben sie nämlich schon so einiges erlebt. Während es in der Woche reicht, eine Person im Dienst zu haben, sind sie sonntags beide fleißig: Er steht hinter dem

Zapfhahn, während sie hinten in der Frittenschmiede fleißig brät, frittiert und garniert. Die beiden sind ein eingespieltes Team, haben darüber hinaus jederzeit ein paar nette Worte parat und sind sich auch nie zu schade, eine Lokalrunde auf den Markt zu schmeißen. Entweder nach Siegen (zur Feier des Tages) oder nach Niederlagen (als kleiner Trost). An richtig guten Tagen gibt es sogar einen Stiefel spendiert, wahlweise mit lecker Pils oder sogar mit Bacardi-Cola.

Irgendwie hat die Bude mit allem Drum und Dran einen ganz besonderen Charme. Es ist etwas Vertrautes, man kommt gern hierher und fühlt sich wohl. Dadurch gibt es aus unzähligen Sausen nach dem Training oder besonders nach den Spielen auch eine Vielzahl an Geschichten zu erzählen. Was sich hier im Laufe der Jahre schon für legendäre Abende abgespielt haben, ist für Außenstehende in der Regel schier unglaublich. Wobei es den Erzählungen nach früher, zumindest in Sachen Feierei, noch viel schlimmer zuging als heute. Zu der Zeit wurde nach jedem Spiel scheinbar dermaßen viel gesoffen, dass die Protagonisten im Nachhinein noch nicht mal wussten, wie sie es montagmorgens zur Arbeit geschafft haben. Heute wird wahrscheinlich nicht mehr ganz so exzessiv gefeiert, zumindest wenn es morgens wieder an die Schüppe geht. Was aber nicht heißt, dass es in der Pinte nicht trotzdem noch immer hoch hergehen kann. Wenn einige Gierige es samstags mit dem Durst zu gut meinen, werden die

Spiele teilweise schon am Vortag entschieden. Wenn schon nicht Champions League auf dem Platz, dann wenigstens an der Theke. Diese Abende beinhalten für den Wirt allerdings einen echten Gewissenskonflikt. Haut er alles raus, was in seinen Fässern steckt, und schmeißt die Jungs in den Schnapssack oder nicht? Für ihn stellt sich nämlich die Frage, ob er Vernunft walten oder die Kasse klingeln lässt. Geld oder (Vereins-)Liebe? Einerseits freut er sich über jeden Euro Umsatz, anderseits hängt er auch am Verein und will die Jungs am nächsten Tag fit, statt komplett zerstört auf dem Platz sehen.

Entweder wird sich gefetzt oder weinend in den Armen gelegen – manche Kneipenbesuche bieten ein echtes Gefühlschaos

Ein großes Thema in der Kneipe sind die Emotionen, auch wenn unter Männern darüber kaum bis gar nicht gesprochen wird. Die Gefühlsausbrüche kommen einfach ungefragt. Besonders wenn Kollege Alkohol im Spiel ist. Es ist nun mal so, Kinder und Besoffene sagen immer die Wahrheit. Also fallen durchaus auch mal Worte, die man nüchtern vielleicht des Friedens willen nicht unbedingt so gebracht hätte. Im Suff ist die Zunge aber um einiges lockerer und so kommt alles auf den Tisch, was bisher im Untergrund im Argen lag. Lautstarke Diskussionen sind die Folge, teilweise wird sich so in Rage geredet, dass der dringende Bedarf besteht, dem Gegenüber am liebsten eine in die Fresse zu hauen. Worauf vom Wirt ermahnende Worte gesprochen werden: „Jetzt komm mal wieder runter!“ Das andere Extrem: Von Bier zu Bier werden einige sentimentaler und auf einmal fließen bei einem Typen wie ein Baum die Tränen und er muss liebevoll in den Arm genommen werden. Aufmunternde Worte vom Wirt, während er zwei kühle Blonde über den Tresen schiebt: „Hier, die beiden gehen auf's Haus. Kopf hoch, Andi!“

Im Normalfall stehen aber ganz normale Konversationen, über Fußball, Frauen, Berufsleben, Politik oder was sonst noch so aktuell ist, an der Tagesordnung. Mal sehr sachlich, mal ernst, mal total lustig. Der Aufenthaltsort innerhalb der Räumlichkeiten, an dem drauflosphilosophiert wird, ist dabei (fast) immer gleich. Genau gesagt stehen zwei Plätze zur Auswahl. Entweder lässt man sich direkt an der

Theke nieder oder auf einen Stuhl am Stammtisch. Darüber hinaus werden neben einer Vielzahl an Gesprächen in der Vereinskneipe hin und wieder auch hinter vorgehaltener Hand Entscheidungen getroffen: Spielerwechsel werden im Suff auf Bierdeckeln klargemacht, die Aufstellung abgestimmt und eventuell wird sogar der Rausschmiss des Trainers beschlossen.

Und so werden einige Stunden pro Saison in der gemütlichen Atmosphäre der Gaststätte verbracht, am liebsten den Sieg feiernd, notfalls aber auch, um nach einer Packung einfach mal seinen Frust runterzuspülen. Oder um sich donnerstags nach dem Training so langsam auf das bevorstehende Wochenende einzustimmen. 22:00 Uhr, Info vom Gast: „Ja los, eins nehme ich noch, der Klügere kippt schließlich nach." Um 23:00 Uhr und vier Bier später meldet er sich wieder zu Wort: „Okay, das ist dann aber wirklich das Letzte!" 23:45 Uhr und nach weiteren drei Hopfenkaltschalen, diesmal die Info vom Wirt: „Letzte Runde für heute!" Ist dieses letzte Bierchen dann irgendwann weggeschlürft, wird abgerechnet. Erstaunen vor der Theke: „Scheiße, ich hab gar nicht genug Geld dabei!" Gelassenheit hinter dem Tresen: „Kein Problem, du hast eh noch einen Deckel hier. Ich schreib's mit auf." So ist das halt, man kennt und vertraut sich, immerhin lässt ein Fußballteam im Laufe einer Saison auch gutes Geld an der Bar. Aber es heißt ja auch nicht umsonst Bargeld. Nachdem der Deckel vom Wirt verstaut wurde und ein Scheinchen im Sparfach gelandet ist, geht es mit wackeligen Beinen nach Hause. Alles wie immer, man geht leichtfertig in die Kneipe rein und kommt leicht fertig wieder raus. Aber dafür hat es wieder ordentlich Spaß gemacht, hier ist man Mensch, hier darf man's sein. Bis zum nächsten Mal. Ganz bestimmt …

Kapitel 7: Die Szenerie I
(Monat für Monat, Woche für Woche)

7.1: Spieltag

VOR DEM SPIEL:

Sonntag. Spieltag. Es geht gegen den Gegner aus dem 10 km entfernten Nachbarort. Kein heißes Derby, aber auch kein Allerweltsspiel. Nennen wir es mal eine gesunde, aber faire Rivalität, in etwa so wie zwischen Villariba und Villabajo in der Fairy-Ultra-Werbung. Es ist 9:30 Uhr, die Nachtruhe ist vorbei und der Trainer pellt sich langsam aus dem Bett. Seine Laune ist gut. Beim Gang ins Bad wirft er einen kurzen Blick auf sein Handy. Anschließend ist die Laune schlecht. „Bestimmt meldet sich wieder irgendeiner ab. Früher gab es sowas nicht. Zum Kotzen“, brummelt er vor sich hin, während er schon ahnt, was auf ihn zukommt. Sekunden später hat er Gewissheit, zwei Abmeldungen haben ihn in den letzten Stunden erreicht.

Nummer 1: eingegangen um 22:45 Uhr. Der angeschlagene Innenverteidiger hat noch so ein komisches Ziehen im hinteren Oberschenkel. Eine Verletzung resultierend aus den letzten fünf Minuten VOR dem Donnerstagstraining. Aus der Szene, in der er, gerade auf den Platz gekommen, erstmal wie einst Helmut Rahn aus dem Hintergrund hätte schießen müssen und das auch mit aller Wucht getan hat. Ohne vorheriges Aufwärmprogramm nicht die beste Idee, fanden auch seine Muskelfasern.

Nummer 2: eingegangen um 2:30 Uhr: „Heii Coach, ich muss mich leider für später abmelden, hab Margendarm bekommen. Tschau …“ Aha, scheinbar hat sich sein verantwortungsvoller Umgang mit Alkohol auf der Mallorca-Party darauf beschränkt, nichts zu verschütten. Dort aufzuschlagen hatte er vor seinen Teamkameraden bereits vor Tagen hochmotiviert angekündigt. Blöd nur, dass der Übungsleiter dies auch mitbekommen hat. Termin für ein klärendes Gespräch am Dienstag wird in des Trainers Kalender vorgemerkt. Von wegen „der wahre Kreisliga-Sportler ist der, der raucht und trinkt und trotzdem seine Leistung bringt!“. Die geplante Aufstellung für das Spiel ist also für die Katz. Was erschwerend hinzukommt: Der Kader ist, wie so oft, ohnehin sehr ausgedünnt. 14 Mann sollten für das Spiel wenigstens am Start sein, dies hat sich aber nun erledigt. Was tun? Gut, dass das Handy ohnehin gerade griffbereit ist. Los geht die wilde Telefoniererei, die Drähte glühen heiß, ein Hoch auf die Flatrate. Hochgemeldete Jugendspieler, Alte-Herren-Kicker, Verletzte, die vielleicht doch wenigstens auf die Bank können, oder Spieler aus der 2. Mannschaft, die eventuell nach dem eigenen Spiel noch eins in der Ersten dranhängen können – alles was nicht bei drei auf den Bäumen ist, wird angerufen, gefragt, angefleht und falls nötig auch bedroht. Die allerletzte Möglichkeit: Der Trainer, gerade 46 geworden, packt noch mal selbst seine Tasche. Für ein paar Minuten hintendrin wird es wohl reichen.

Die wichtigste Frage beim Treffpunkt:
„Gestern noch lange gemacht?"

Einige Zeit später geht es mit überarbeiteter Aufstellung zum Treffpunkt. Sind heute zur Abwechslung wohl mal alle pünktlich? Natürlich nicht, wie immer wurden scheinbar einige positiv auf Müdigkeit getestet und haben verpennt oder einfach wieder eine lange Leitung. Was soll's, ab jetzt läuft die Uhr. Die Warterei bietet Zeit für ein bisschen Smalltalk. Gängige Fragen unter den Halunken: „Gestern noch lange gemacht?", oder „Seid ihr noch weitergezogen?" Gelegentlich gilt es auch, quälende Ungewissheit zu klären: „Ich habe doch gestern nichts Peinliches angestellt, oder? Verdammt, wir hatten die Party irgendwann einfach nicht mehr im Griff." Danach die üblichen Themen wie: „Heute morgen Doppelpass geguckt?", oder „Lass mal die Wettscheine vergleichen!"

Irgendwann trudeln auch die letzten beiden Spezies ein, fünf Minuten zu spät. Bevor es vergessen wird, notiert sich der Hüter der Mannschaftskasse fix das Vergehen: 5 x 1,- € = 5,- € pro Übeltäter. Voller Hoffnung und multitaskingmäßig schaut er sich nebenbei noch den einen Spieler an, der mit

Sonnenbrille zum Treffpunkt gekommen ist, obwohl gar keine Sonne scheint. Betrunken zum Spiel spült lukrative Extrakohle in die Kasse. Zeitgleich mustert auch der Trainer den Spieler mit dem getönten Nasenfahrrad, allerdings hofft er, im Gegensatz zum Mannschaftskassenwart, dass das Objekt der Analyse nüchtern ist, um die Aufstellung nicht noch mal ändern zu müssen. Aber heute geht es glücklicherweise. „Alle da? Pässe dabei? Wer hat die Trikots?“ Fragen, die vor keinem Auswärtsspiel fehlen dürfen. „Okay, dann kann's losgehen!“ Einen Babo-Bus gibt es in der Kreisliga nicht, also wird per Auto zum Auswärtsspiel gedrived. „Wer fährt?“ Alle Köpfe gehen nach unten. Schweigen. „Wer fääääährt?“ Und dann sprudeln sie heraus, die Ausreden: Der Eine hat das Auto angeblich mit Materialien voll, der Andere defekte Bremsen, mit denen er nicht mehr als nötig fahren will, und wiederum ein Anderer ist schlauerweise gar nicht erst mit dem Auto gekommen. Ein Weiterer auch nicht, ist aber auch gut so, er dürfte ohnehin noch nicht wieder ans Steuer. Und so sind es mal wieder die Gleichen, die ihre Kollegen in den Nachbarort kutschieren. Unterwegs noch schnell auf einen Energydrink und einen Schokoriegel an der Tanke angehalten, kommt der Tross wenig später auch schon am Sportgelände des Gegners an. Nachdem die Taschen in die Kabine geschmissen wurden, geht es noch mal kurz raus auf den Platz, so viel Zeit muss sein. Wobei sich nicht wirklich mit dem Platz beschäftigt wird. Ob der nun gut oder schlecht ist, wen interessiert's? Natur-Spielstätten in der Kreisliga sind, zumindest in den kalten Monaten, eh alle in dem gleich schlechten Zustand, warum also großartig drüber aufregen? Und (5,- € ins Phrasenschwein): Der Gegner muss schließlich auch damit klarkommen. Also, Rumgeheule bringt eh nichts, ab in die Kabine.

Inventarliste des Trikotkoffers: 16 Trikots, 12 Hosen und 14 Paar Stutzen – davon 8 ohne Löcher und Laufmaschen

In der Kabine Teil 1: Einer der ersten Gedanken beim Betreten der Kabine: „Wo ist die Steckdose?" Sie und ihr Saft werden nämlich benötigt, um den Boomblaster mit Energie zu versorgen. Oder die Handys. Eine angemessene Beschallung während des Umzieh-Vorgangs muss definitiv gewährleistet sein. Zur gleichen Zeit spielen sich rund um den Trikotkoffer tumultartige Szenen ab. Es gibt nur drei XL–Hosen, eine von ihnen zu erhaschen, wäre ein erster großer Erfolg. Clevere Typen haben sich bereits am Anfang der Saison eine Hose gebunkert und nehmen diese Woche für Woche schön mit nach Hause. Blöd nur, wenn sie sonntags dort vergessen wird. So ist es kein Einzelfall, dass der Trikotsatz aus 16 Trikots und 12 Hosen besteht. Weiteres Problem: Von den 14 Paar Stutzen sind nur acht ohne Lochfraß oder Laufmaschen. Kein Wunder also, dass bereits vor dem Spiel die ersten Zweikämpfe stattfinden. Sobald sich die Streitigkeiten gelegt haben und Trikot, Hose und Stutzen für jedermann bereitliegen, kann vom Trainingsanzug in die Spieltagskluft gehüpft werden. Dies dauert von Spieler zu Spieler unterschiedlich lang. Während einige ratzfatz fertig sind, brauchen andere eine halbe Ewigkeit. Generell sehr schön zu beobachten, sind dabei die verschiedensten Marotten: Schienbeinschoner zuerst links oder rechts? Stutzen bis zu den Adduktoren hoch oder obercool unten am Knöchel platziert? Trikot steif in die Hose gesteckt oder einfach raushängen lassen?

Irgendwann ist dann aber auch der Letzte so weit, Klamotten sitzen, Frisur auch. Noch mal schnell aufs Klo, ein Schluck aus der Pulle und dann kann die Besprechung starten. Mit der Bekanntgabe der Aufstellung finden in den Köpfen der Spieler die verschiedensten Gedankengänge statt. „Warum sitze ich schon wieder draußen? Ich war doch die ganze Woche beim Training!“, „Oh nee, schon wieder in der Abwehr“, „Benni als Innenverteidiger? Oh mein Gott“ oder „Geil, mit Klaus-Dieter vorne drin!“ Ob einzelnen Spielern die Aufstellung nun passt oder nicht, für Diskussionen bleibt keine Zeit. Diese muss nämlich für die Traineransprache genutzt werden, die mal mehr, mal weniger interessant und hilfreich ist. Taktisch wirklich hilfreiche Tipps gibt es natürlich – nicht! Irgendwie weiß er, lediglich zu verschiedensten Themen seinen Senf dazu zu geben, dabei ständig abzuschweifen, um schließlich umständlich wieder zum Ausgangspunkt zurückzukehren. Es gibt nicht viel zu hören, was in Bezug auf das Spiel ernsthaft relevant wäre. Stattdessen gibt es heikle Personalinfos: „Da spielen zwei aus der Ersten mit“ oder „Der 10er hat schon mal höher gespielt, da müssen wir riiichtig aufpassen!“ Häufig gibt es parallel zu den Personalinfos noch weitere, äußerst sachdienliche Hinweise wie „Die wollen aufsteigen“ oder „Achtung, die haben einen Lauf“. Aha, gut zu wissen. Einige konkrete Handlungsanweisungen gibt es dann aber doch: „Der Rasen ist nass, also einfach mal flach abziehen!“, oder „Heute müssen wir 120 % geben!“ Auch äußerst nützlich und noch nie dagewesen. Nachdem der Coach also sporadisch über Aufstellung, Marschroute und Gegner sinniert und parallel mit unnützem Wissen geglänzt hat, geht es raus zum Aufwärmen.

Das Einzige, was in der Kreisliga effektiv gedehnt wird, sind die Stutzen und Trikots der Spieler!

Warm-up: Die bittere Wahrheit: Das Aufwärmprogramm in der Kreisliga hat seinen Namen leider häufig nicht verdient. Auf dem Platz angekommen, schlurfen einige Spieler zwei bis vier Bahnen über den Platz, machen dann Bewegungen, die mit ganz viel Phantasie nach Dehnungen aussehen, und schnappen sich anschließend einen Ball, um zunächst schwungvoll ein paar 40–Meter-Flugbälle quer über das Feld zu dreschen. Warum auch aufwärmen, wenn man eben noch warm gegessen hat?

Um auch den Faultieren dieser Welt etwas Beine zu machen, wird das Aufwärmen auch im Amateurbereich meist gemeinsam im Team absolviert. Erst ein paar Meter laufen, dann dehnen, zumindest offiziell. Inoffiziell sind die Stutzen und (bei Wohlstandsbäuchlein) auch die Trikots in der Kreisliga wohl das Einzige, was vor dem Spiel effektiv gedehnt wird. „Ich brauche das nicht, hab mich noch nie gedehnt." Andere machen es aber, besser gesagt, sie versuchen es wenigstens. Weitaus intensiver als die Übungen nutzen sie die Stretchingzeit allerdings für einen kleinen Smalltalk. Und so findet der Trainer beim Blick auf seine Mannen einen Schwatz vor, der fast schon als Kaffeeklatsch durchgehen könnte. Die Ansage erfolgt sofort und unmissverständlich: „Jetzt konzentriert euch langsam mal auf das Spiel!" Danach wird gekickt: 5 gegen 5 auf Ballhalten. Auch hier nicht ohne Aufforderung an den ein oder anderen, sich doch jetzt endlich mal zu konzentrieren. Der zweitletzte Akt: Torschuss! Einer der Reservespieler legt ab und dann heißt es ab 18 Metern „Gut Schuss". Zum Abschluss noch 3 - 4 kurze Sprints, eventuell schießt der filigrane Mann für den ruhenden Ball quasi beim In-die-Kabine-Gehen noch schnell einen Test-Freistoß und dann geht's zurück in die Katakomben.

Peng peng – schallt es aus der doppelmündigen Motivationspistole heraus!

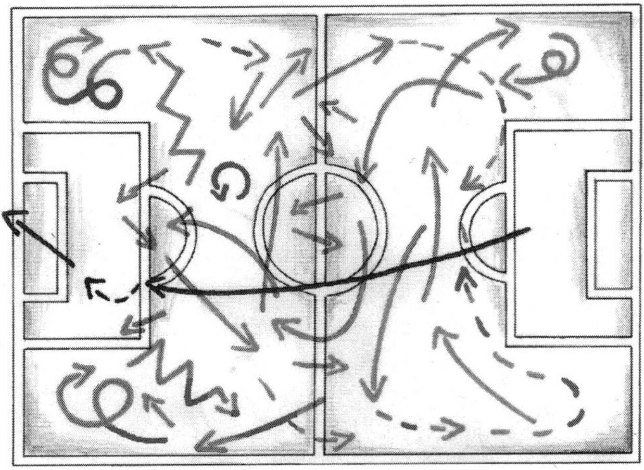

In der Kabine Teil 2: Dort angekommen stehen noch einmal ein paar Programmpunkte auf der Agenda. Zum einen der organisatorische Kram. Schiri kommt rein: „Einmal Passkontrolle bitte!“ Dazu rufen der Betreuer oder ein verletzter Spieler nach und nach alle Namen auf. „Bölte, Henrik, 1909“, „Fuhr, Christian, 1904“, „Jost, Bastian, 007“, „Dirichs , Patrick, 1905“ usw … Derjenige, der gerade dran ist, richtet mittels gehobener Hand und einem prägnanten „Hier“ einen kurzen Gruß an den Schiedsrichter, zeigt diesem seine Schienbeinschoner und schon ist der Nächste dran. Bei einem Spieler erfolgt zusätzlich, quasi als Running Gag, mindestens jede zweite Woche die Aufforderung, doch mal ein neues Passfoto zu besorgen. „Das aus der dritten Klasse ist nun wirklich nicht mehr aktuell.“ Im Anschluss an die Passkontrolle erfolgen noch ein paar Hinweise vom Referee:

1.) „Keine Schmuckgegenstände“, 2.) „Ich diskutiere nur mit meiner Frau, wer mir während der kommenden 90 Minuten blöd kommt, kann frühzeitig duschen gehen“ und 3.) „Gutes Spiel!“ Damit ist alles gesagt.

Sobald der Unparteiische raus ist, geht es ein letztes Mal aufs Klo. Natürlich nicht ohne unterwegs nochmal einen prüfenden Blick in den Spiegel zu werfen, ob die Frise auch wirklich sitzt. Der Trainer gibt parallel noch eine heiße Warnung und diverse Bitten aus. Die Warnung: „Ihr kennt den Schiedsrichter, bei dem dürft ihr nichts sagen, der gibt sofort Gelb!“ Die Bitten beginnen dagegen immer mit einem: „Tu mir einen Gefallen …“ und enden beispielsweise mit „… keine Kunststücke im eigenen 16er“, „… spielt die einfachen Bälle“, „… keine unnötigen Fouls“ oder „… lasst euch nicht provozieren“. Anschließend feuert er aus der Hüfte heraus noch ein paar markige Worte aus seiner doppelmündigen Motivationspistole. Peng Peng, alle sind heiß wie Frittenfett, raus geht's …

DIE ERSTE HALBZEIT:

Bevor es losgeht, betreten seit Kurzem beide Teams gemeinsam den Sportplatz. An der Mittellinie angekommen, winken sie gemeinsam den wenigen Zuschauern oder den Vögeln auf den angrenzenden Bäumen zu. Danach eine weitere Neuerung, Begrüßung plus fairem Handshake mit den gegnerischen

Spielern. Ob das wirklich so Sinn macht, darüber lässt sich zumindest streiten, denn eventuell wird man keine zwei Minuten nach der freundlichen Begrüßung als Folgeakt von einem hochmotivierten Gegenspieler, der sich auf Konfro-Kurs befindet, vom Allerfeinsten weggeflext oder munter durchbeleidigt. Aber okay, da können die schlauen Funktionäre ja nichts für, sie werden sich bei dieser Neuerung schon etwas gedacht haben.

Als Nächstes nimmt der Captain an der Seitenwahl teil. Natürlich wurde intern vorher geklärt, was dem eigenen Torwart in der ersten Halbzeit am liebsten wäre: Mit oder gegen die Sonne? Rücken- oder Gegenwind? Berghoch oder erst runter? So etwas will berücksichtigt werden. „Kopf oder Zahl?" beziehungsweise „Blau oder Rot?". Jeder Schiedsrichter hat da seine eigenen Methoden, was die Verlosung angeht. Wenn die Münze mal vergessen wurde, dann kann alternativ auch Schnick-Schnack-Schnuck gespielt werden. Egal ob die Seitenwahl gewonnen oder verloren wird, direkt im Anschluss bildet sich der Spielerkreis, in dem der Capitano noch ein paar motivierende Worte in den Raum wirft und alle emotional auflädt. Zum Schluss wird noch irgendetwas gebrüllt: „Wir sind ein – Team!", „Einer für alle – alle für einen!", „Zicke-zacke-zicke-zacke – heu-heu-heu" oder „Hundehütte, Hündehütte – wau, wau, wau!" Es gibt die verschiedensten Sprüche, um sich auf Temperatur zu bringen. Wobei diese Sprüche teilweise auch unnötig wie Schmuck am

Nachthemd sind, zusätzlich motiviert wird davon kaum jemand. Genauso übrigens wie durch das obligatorische „Kommt Jungs!“, was anschließend von einem motivierten Teilzeitmotivator zum Besten gegeben wird. Parallel zum Heißmach-Prozess füllt sich die Ersatzbank. Reservespieler und verletzte Spieler nehmen Platz, dazu noch ein paar Spielerfrauen. Der Betreuer stellt die Wasserpullen an den Spielfeldrand, alle klatschen noch mal ab und dann geht’s los. Anpfiff zum absoluten Highlight der Woche, 90 Minuten Hardcore – echte Gefühle!

Pässe kommen nicht an, Bälle verspringen und das leere Tor wird verfehlt – das Showorchester Ungelenk in Hochform!

Was das Sportliche angeht, so sind die Darbietungen von Woche zu Woche höchst unterschiedlich. Wer großen Sport sehen will, sollte woanders hingehen, hier wird man ihn nur selten finden. Es ist nun mal, wie es ist: Die Kreisligen sind die tiefsten Ligen in Deutschland und das kommt auch nicht von ungefähr. Teilweise finden Drei–Meter-Pässe nicht den Mitspieler, es verspringen die leichtesten Bälle, das leere Tor wird verfehlt und nach 30 Minuten möchten sich die Ersten liebend gern unter das Sauerstoffzelt legen, um schnellstmöglich wieder am Leben teilnehmen zu können. Kreisliga at its best, das Showorchester Ungelenk in Hochform. Wenigstens ist für Abwechslung gesorgt: Wer schon kein Fußballfeuerwerk sieht, der kann immerhin

ein Festival der Emotionen erleben. Und das ist die 1,- €, 1,50 € oder 2,- € Eintrittsgeld allemal wert. Auf den Sportplätzen der Fußballniederungen ist verbal richtig was los. Es herrscht großer Kommunikationsbedarf, egal ob verbal oder nonverbal, an jeder Ecke und Kante tut sich was, jeder ist mit jedem zu Gange und muss etwas loswerden. Das sieht dann in etwa so aus: Aufgepasst, jetzt wird es unübersichtlich! Es spricht und sprechen:
Eigene/r Spieler zum eigenen Spieler – eigener Spieler zur eigenen Mannschaft – eigene/r Spieler zum eigenen Trainer – eigene/r Spieler zum Gegenspieler – eigene/r Spieler zum gegnerischen Trainer – eigene/r Spieler zur gegnerischen Ersatzbank – eigene/r Spieler zum Schiedsrichter – eigene/r Spieler zu den gegnerischen Zuschauern – eigene/r Spieler zu den eigenen Zuschauern – eigener Trainer zum eigenen Spieler – eigener Trainer zur eigenen Mannschaft – eigener Trainer zum Schiedsrichter – eigener Trainer zum gegnerischen Spieler – eigener Trainer zur gegnerischen Mannschaft – eigener Trainer zum gegnerischen Trainer – eigener Trainer zu den gegnerischen Zuschauern – eigener Trainer zu den eigenen Zuschauern – eigene/r Ersatzspieler zu gegnerischen Spielern – eigene/r Ersatzspieler zu eigenen Spielern – eigene/r Ersatzspieler zum Schiedsrichter – eigene/r Ersatzspieler zum gegnerischen Trainer – gegnerische/r Spieler zur eigenen Ersatzbank – gegnerische/r Spieler zum eigenen Spieler – gegnerische/r Spieler zum eigenen Team – gegnerische/r Spieler zum gegnerischen Trainer

– gegnerische/r Spieler zum Schiedsrichter – gegnerische/r Spieler zum eigenen Trainer – gegnerische/r Spieler zu den eigenen Zuschauern – eigene/r Zuschauer zu den eigenen Spielern – eigene/r Zuschauer zu den gegnerischen Spielern – Schiedsrichter zu gegnerischen Spielern – Schiedsrichter zu eigenen Spielern – Schiedsrichter zum eigenen Trainer – Schiedsrichter zum gegnerischen Trainer – Schiedsrichter zu den Reservespielern – Schiedsrichter zu den Zuschauern – und und und.

Gelungene Aktionen, Fehlpässe, strittige Entscheidungen usw. – in der Kreisliga MUSS ALLES besprochen werden!

Hut ab, wenn da einer durchsteigen konnte, denn wirklich jeder hat etwas zu sagen und das so gut wie zu jedem! Anlässe für hilfreiche Tipps, Aufmunterungen, rege Diskussionen, freche Sprüche und Streitgespräche gibt es reichlich: gelungene Aktionen, Fehlpässe, faule Mitspieler, nicklige Gegenspieler, nervende Zuschauer oder strittige Schiedsrichterentscheidungen – für jeden ist etwas dabei. Notfalls wird halt so lange gesucht, bis sich etwas findet, selbst wenn es nur irgendwelche belanglosen Randerscheinungen sind, an denen sich aufgegeilt wird. Besprochen werden müssen sie unbedingt, alles andere wäre nicht kreisliga-like. Auch in der Art, wie die Dinge rübergebracht werden, gibt es große Unterschiede. Die Töne können sehr leise, sportlich fair und sachlich, aber auch mal laut und derbe in der Wortwahl sein. „Ist schließlich kein Kindergeburtstag hier!" Es wird also durchaus mal Tacheles geredet, knallhart geradeaus und unverblümt, nichts für Weicheier.

Was an diesem Tag auch sehr angebracht ist, denn das Spiel ist leider nichts anderes als ein ganz trostloser Kick auf überaus beschaulichem Niveau. Das Angriffsspiel beider Teams ist pomadig. Die wenigen Torchancen resultieren daraus, dass sich die Abwehrspieler ohne großes Zutun der Gegenspieler ein ums andere Mal durch irgendwelche Scheißfehler selbst in Verlegenheit bringen. Zusammenfassend gesagt: Das Spiel ist echt zäh. Im bezahlten Fußball könnte es vielleicht noch aufwendig schöngeredet werden, indem behauptet wird, dass es ein von Taktik geprägtes Spiel sei. Ist es hier aber sicherlich nicht, denn dafür fehlt schlichtweg die Taktik. Und so bietet sich den Zuschauern ermüdender Schlafwagenfußball, von dem man bei längerem Hinsehen Gefahr läuft, Augenkrebs zu bekommen. Die einen können, aber wollen nicht, die anderen wollen, aber können nicht – der Geist ist willig, das Fleisch ist chillig und umgekehrt. Also muss das Tor auf andere Weise her, wenn es schon aus dem Spiel heraus nicht funktioniert, dann vielleicht durch eine Standardsituation? So denkt zumindest der ausgebuffte Stürmer. Leider tut ihm der Abwehrspieler aber nicht den Gefallen, ihn zu foulen. Und so ist seine Schwalbe genauso schlecht wie das Spiel. Obwohl der Schiedsrichter 30 Meter weit weg steht, fällt er selbst von dort nicht auf die miese Schauspieleinlage herein und zeigt nicht auf den Elferpunkt, sondern zückt entschlossen den gelben Karton. Dies ist schon die dritte Verwarnung an diesem Tag, die Erste gab es für ein selten dämliches Foulspiel an der Auslinie, die Zweite fünf Sekunden später, weil ein Mitspieler des Übeltäters meinte, dem Schiedsrichter dafür auch noch einen dummen Spruch drücken zu müssen. Die hitzigen Szenen direkt nach dem Foul, bestehend aus Rudelbildung, Trash-Talk und Schubsereien, blieben dagegen ungeahndet.

Wie aus heiterem Himmel schlägt es dann in der 35. Minute doch noch ein und zwar im Gehäuse der Heimmannschaft. Passend zum Tag ist das Tor alles andere als herausgespielt. Der wahllos herausgeballerte Ball des Abwehrspielers, ursprünglich lediglich zum Klären gedacht, tippt einmal in der gegnerischen Hälfte auf, fliegt dabei an Freund und Feind vorbei und landet beim Stürmer, der auf einmal frei vorm Keeper steht. Dieser pariert den ersten Versuch zwar, der Nachschuss ist dann aber nur noch Formsache. „Ich habe doch gesagt, den Ball NICHT titschen lassen!“, schreit sich der Torwart den Frust von der Seele, während sich seine Mitspieler ungläubig anschauen und lediglich ein irritiertes „Ja, sorry!“ rausbringen. Okay, passiert! Aber damit nicht genug, scheinbar sind die Crazy–Fünf–Minuten angebrochen, nur ein paar Zeigerumdrehungen nach dem ersten Treffer spielt einer der Abwehrspieler einen lebensgefährlichen Rückpass Richtung Keeper. Nicht nur dass der Pass unterirdisch schlecht ist, dummerweise hat der gegnerische Stürmer genau auf diesen Ball gewartet. Er startet los, schnappt sich das Spielgerät, das ihm der Abwehrspieler sauber in den Lauf gespielt hat und steht zum zweiten Mal innerhalb kürzester Zeit frei vor dem Torwart. Natürlich lässt er sich auch diese Chance nicht entgehen und schnürt so einen feinen Doppelpack. Bedankt. 0:2. Herzlichen Glückwunsch! Berechtigte Frage der heimischen Zuschauer: „Was trainieren die überhaupt?“ Die Gästemannschaft muss derweil über so viel Dusel selbst schon ein bisschen schmunzeln. Verrückt.

Häufige Frage vor der Kabinentür:
„Wer hat den Schlüssel?“

Gut für die ins Hintertreffen geratene Mannschaft, dass sich die erste Halbzeit kurz darauf dem Ende neigt. Nachspielzeit gibt es nicht. Die will auch keiner sehen, schließlich konnte man sich lediglich die letzten paar Minuten ansehen, die aber auch nur die wenigen Gästefans. Der Schiedsrichter schaut pünktlich auf seine schwarze Casio mit Plastikarmband, holt noch mal tief Luft und hämmert mit letzter Kraft in seine Trillerpfeife. Pausentee ist angesagt, Bergfest für die Beteiligten.

Während des Ganges Richtung Kabine wird innerhalb der Heimmannschaft wild gestikulierend gestritten und diskutiert: „Wie konnte das passieren?“ Schließlich wurde sich doch so viel vorgenommen. Schuldzuweisungen machen die Runde, das „Positiv Männer!“ des Captains geht im Gewusel unter, Jungs, die sich sonst super verstehen, pflaumen sich an, als ob der eine gerade die Perle vom anderen flachgelegt hat. Der Ton ist rau, sehr rau. Hätten einige die Energie, die sich gerade aus ihnen entlädt, mal lieber in den vorherigen 45 Minuten eingesetzt, oder würden sie mal so spielen, wie sie labern, dann hätte man sich das Theater vom Platz bis zur Kabine sehr gut sparen können …

HALBZEITPAUSE:

Für manche kommt die Pause einer wahren Erlösung gleich. Viel länger hätten sie definitiv nicht mehr gemacht, wie anstrengend 45 Minuten Amateurfußball doch sein können, Wahnsinn! Mit letzter Kraft schleppen sie sich luftschnappend und nichts Böses ahnend Richtung Kabine. Vor der Tür angekommen, bricht sich der vorderste Spieler fast die Nase. Abgeschlossen! „Wer hat den Schlüssel?“ Klar, der Betreuer, der allerdings noch irgendwo draußen rumläuft. Nachdem er kurze Zeit später mit dem Türöffner angewackelt kommt, geht es rein in die Katakomben. Und dann geht’s los:

Der Trainer setzt mit der imaginären gusseisernen Bratpfanne zu einem Donnerwetter epischen Ausmaßes an

In der Heimkabine: Noch nicht ganz dort angekommen, werden die Spieler gleich unüberhörbar vom Trainer beschallt. Er krakeelt bereits wild gestikulierend los, bevor sich der letzte Spieler überhaupt hingesetzt hat. Hätte er eine gusseiserne Bratpfanne griffbereit, würde er sie sicher herausholen und mit ihr zu einem Donnerwetter epischen Ausmaßes ansetzen. So bleibt es bei einem verbalen Ohrfeigenfestival, das ab und zu noch von einer fliegenden Flasche oder irgendwas anderem, was man sonst umtreten kann, unterstützt wird. Knallhart und mit voller Wucht bekommen die Akteure all ihre Fehler der ersten Halbzeit aufs Butterbrot geschmiert. Und das sind so einige. Bääääm! Solch eine Ansage lässt die ohnehin gedämpfte Stimmung natürlich nicht besser werden, im Gegenteil. Die Ansprache artet nun in eine wahre Diskussionsrunde aus, es wird kreuz und quer durch den Raum gestritten. „Ich hab immer zwei!" ist nur eine von vielen selbstbemitleidenden Schuldzuweisungen und Rechtfertigungen. Wahre Dramen spielen sich ab, ausgewechselte Spieler schieben Frust, der Trainer hat eine hochrote Birne und die Kontrolle über sein Mimik-Stellwerk verloren, ein Gesichtszug nach dem anderen entgleist ihm. Er ist in Rage – den Spielern geht es ähnlich. Irgendwann, gegen Ende der Halbzeit und sobald sich die Gemüter ein wenig gelegt haben, besinnt sich das Team aber doch wieder auf seinen Teamgeist und nimmt sich vor, die zweite Halbzeit besser zu gestalten als die erste.

Noch ist nichts verloren und immerhin, „die anderen kochen doch auch nur mit Wasser".

Bei einer Führung gibt es vom Trainer lediglich ein paar gut gemeinte Scheißhausparolen zu hören

In der Gästekabine ist die Stimmung dagegen deutlich besser, 2:0 auf fremdem Platz ist doch was, die Grundstimmung deshalb sehr angenehm. Es besteht kein Grund, laut zu werden. Im Gegenteil, es darf sogar ruhig mal gelacht werden. Auch der Trainer ist ganz gut drauf. Ein paar Phrasen à la „Wir dürfen uns jetzt nicht auf der Führung ausruhen!" und „Wir müssen weiter hochkonzentriert agieren!" – schon ist das Wichtigste gesagt. Die restlichen Minuten werden genutzt, um weiter Luft zu schnappen. Sauerstoff ist das höchste Gut, dicht gefolgt von unheimlich viel Wasser. „Scheiß Nachdurst", grummelt einer, um den Satz mit einem „Ich könnte eine ganze Kiste alleine saufen" zu vervollständigen. Offiziell hat am Vorabend keiner lange gemacht, hinter vorgehaltener Hand wird allerdings etwas anderes gemunkelt. Aber bisher hat das Team ja scheinbar alles richtig gemacht.

Am Rande zu beobachten, ein Phänomen der Kreisliga: Die Halbzeit dauert selten fünfzehn Minuten, sondern eher weniger. Irgendwie unverständlich, denn besonders nicht austrainierte Amateurfußballer brauchen ja eigentlich erst recht jede Minute, um wieder fit zu werden. Auch die Annahme, dass der Schiedsrichter das Spiel so geil findet und es kaum erwarten kann, bis es wieder losgeht, ist unwahrscheinlich. Vielleicht ist die Tatsache, dass er schnell nach Hause will oder noch was vorhat, eine plausible Erklärung. Wie dem auch sei, oft ertönt schon nach zehn Minuten der Pfiff des Onkels mit der Pfeife und es geht, falls man nicht ausgewechselt wurde und in der Kabine Frust schiebt, raus zur zweiten Halbzeit …

DIE ZWEITE HALBZEIT:

Mit mehr oder weniger motivierenden Worten vom Trainer im Gepäck geht es in die zweite Halbzeit. Für die Heimelf gilt es nach dem Schock kurz vor der Halbzeit, nicht gleich noch ein Gegentor zu bekommen, immerhin soll der Rückstand ja aufgeholt oder bestenfalls sogar gedreht werden, was die Gastmannschaft natürlich vermeiden will: Sie will am liebsten schnell den Deckel draufmachen und das Spiel im Idealfall ganz gemütlich nach Hause schaukeln. An einen Kantersieg denkt sie nicht, ein bisschen Realismus muss schon sein. Deshalb wäre sie mit einem ganz normalen Sieg schon total zufrieden, Hauptsache drei Punkte. „Da kräht morgen kein Hahn mehr nach, wie der Sieg zustande gekommen ist“, stellt der Gästefan an der Würstchenbude schmatzend und wohlwissend fest.

Zwar nur ein trister Abstauber – zählt aber genauso viel wie ein Tor des Jahres

Es erfolgt der Anpfiff zur zweiten Halbzeit. Zum Erstaunen aller scheint im Vergleich zum ersten Durchgang bereits nach ein paar Minuten irgendetwas anders. Okay, es wird weiterhin gelabert ohne Ende, aber parallel dazu wird auf beiden Seiten auch Fußball gespielt, unglaublich, aber wahr. Die Teams scheinen sich etwas vorgenommen zu haben, geben Schub-Rakete, und so entwickelt sich ein offener Schlagabtausch, sehr zur Freude der Zuschauer. Besonders für die Einheimischen, denn bereits kurz nach Beginn der zweiten Halbzeit macht sich der Goalgetter der Heimelf als Spannungsbeauftragter verdient und erzielt den vielumjubelten Anschlusstreffer. Wie man ihn so kennt, wenig spektakulär, einer seiner typischen Abstauber halt. Aber es zählt genauso viel wie ein Tor des Jahres. Tja, hätte das Gästeteam den Sack mal früher zugemacht. Von nun an geht die Post so richtig ab, Visier runter und ab nach vorn, geben es sich beide Teams plötzlich hart und die Zuschauer geraten nach der schlimmen Magerkost der ersten Halbzeit fast schon in Extase. „Ja, jaa, jaaaaaaaaa, neeeeein, den muss er doch machen! Ich hätte den gemacht. Sogar meine Oma hätte den gemacht." Wenn mal nicht der Schütze Schuld ist, dann derjenige, der sich in der Spielszene nicht dort befand, wo er sollte. „Da muss doch einer stehen!", ertönt es in solch einem Fall missmutig hinter der Bande. Aber die nächste Möglichkeit kommt schneller als gedacht, Chancen werden nun hüben wie drüben herausgespielt, teilweise fast schon lehrbuchmäßig.

Die Fänger haben gut zu tun und müssen sich ein ums andere Mal groß machen, abtauchen oder Richtung Winkel hechten, um die Dinger noch rauszufischen. Was nicht bei jedem Schuss gelingt, es kommt schließlich, wie es kommen muss. Eine Ecke der Gastgeber wird zwar erst abgewehrt, dummerweise aber völlig unplanmäßig und viel zu kurz. Noch während Innenverteidiger und Torwart synchron „RAAAAAAAUUUUUUUS" rufen, fasst der mitgegangene Linksverteidiger geistesgegenwärtig all seinen Mut zusammen, nimmt den Abpraller aus 20 Metern einfach mal volley und schweißt das runde Leder in der oberen rechten Ecke des Gehäuses ein. „Leck mich am Arsch, was für ein Ding", schwärmt sogar der Motzkopf hinter der Bande, der eben noch stinkig war. Der Torschütze befindet sich zeitgleich gefühlstechnisch im gelobten Land und lässt sich von seinen Mitspielern feiern.

Wer denkt, dass sich das Spiel mit dem Ausgleich ein wenig beruhigt, ist komplett falsch gewickelt. Beide Teams wissen, dass sie das Match gewinnen können, lassen nun noch mehr die Hosen runter und spielen volle Kanne auf Sieg. Dieses – für das sportliche Niveau auf Dauer definitiv zu hohe – Tempo fordert zwangsläufig irgendwann seinen Tribut. Und so ist der Torschütze des Anschlusstreffers bereits nach 65 Spielminuten total gar und ringt nach Luft. Für ihn bringt der Trainer ein frisches Set Fußballerbeine, in Person des besten Spielers der Zweiten, rein. Er hatte sich freundlicherweise bereit erklärt, auszuhelfen und sich „für den Notfall“ auf die Bank zu setzen. Dieser Notfall ist, wie fast immer, nun eingetreten. Auch wenn der Bursche am Vormittag bereits 90 Minuten in der Zweiten gekickt hat, ist die Heimelf trotzdem ganz froh, dass er reinkommt, denn er ist wirklich kein schlechter und könnte locker Erste spielen, wenn er wollte. Der Trainer hält noch ein kurzes Motivationsseminar an der Seitenlinie und dann schickt er den Burschen auf das Feld. Zehn Minuten später hat es dann auch den Flügelflitzer erwischt. Der erste Krampf macht sich breit. Der Betroffene liegt wie ein Maikäfer auf dem Boden und hofft mit schmerzverzehrtem Blick, dass sich irgendjemand seiner annimmt und das geschundene Bein streckt. Letztendlich erbarmt sich ein Gegenspieler, man kennt das zu gut aus eigener Erfahrung und hilft deshalb kollegial. Kurze Zeit später: „Wechsel!“ Der Krampf geht so tief rein, damit wird er später nicht mal mehr Auto fahren können, so mutmaßt er selbst. Aber nicht schlimm, er wollte nach dem Spiel eh noch was trinken. Für ihn kommt der Fresseziehende rein. Sein böser Blick hat sich durch die Einwechslung kein Stück verbessert, immerhin hat er über eine Stunde draußen gesessen und sein Verständnis dafür hält sich arg in Grenzen. Wenigstens versucht er, seinen Frust in Leistung umzuwandeln, und rennt fortan wie der Teufel. Wehe, er macht ein Tor, dann gibt’s erstmal eine fette Geste Richtung Trainer, die seinem Frust zusätzlichen Ausdruck verleihen wird. „Mich draußen zu lassen, eine Frechheit, nichts anderes!“

Der Trainer in Action: ungewollt, denn die Emotionen gehen mit ihm Gassi!

Von Minute zu Minute läuft auch der in der ersten Hälfte noch so ruhige und besonnene Trainer des Gästeteams zur absoluten Höchstform auf. Ruhepuls war gestern, wie von einer Tarantel gestochen rennt er die Linie auf und ab, gestikuliert, schreit herum, freut sich, ärgert sich, freut sich anschließend wieder, um sich dann doch wieder zu ärgern. Gefühlschaos! Das Herz hat längst das Kommando übernommen, der Verstand ist ausgeschaltet und die Emotionen gehen mit dem Nervenbündel Gassi. Im 10-Sekunden-Takt schreit er laut „RUUUUUUUHE“ in die Richtung seiner Spieler, die eigentlich recht ruhig sind und sich nun vielmehr ernsthaft Sorgen um den Blutdruck vom Hans-Dampf-Double machen. Kurze Verschnaufpausen sind in dieser Phase des Spiels für alle Beteiligten stets willkommen. Bei einem weiteren Wechseln zum Beispiel. Der 6er vom Heimteam steht mal wieder kurz vor einer gelb-roten Karte, es wird allerhöchste Zeit, ihn runterzunehmen, will man das Spiel mit elf Leuten zu Ende bringen. Das Gute daran: Durch die frischen Kräfte bleibt das Spiel kurzweilig, die verbleibenden Minuten entwickeln sich zu einem wahren Nervenspiel. Jede Aktion ist hochdramatisch, Hektik erfüllt den Raum und das Spiel steht auf Messers Schneide. Beide Teams gehen auf's Ganze, die zweite Luft hat sie ereilt, sie wollen unbedingt diesen Dreier, koste es, was es wolle …

… was jedoch nicht mehr gelingt, zwei Tore, drei Verletzungspausen, vier Wechsel und fünf gelbe Karten später ist auch die zweite Halbzeit zu Ende, der Drops gelutscht, die Messe gelesen. Es bleibt beim 2:2, „... unterm Strich ein leistungsgerechtes Unentschieden nach einer schwachen ersten und temporeichen zweiten Halbzeit“, wie der Trainer der Heimmannschaft dem Mann vom Lokalsport später am Telefon vermelden wird. Wobei es teilweise auch völlig egal ist, was über das Spiel berichtet wird, je nachdem, wie gut die Kontakte zur Presse sind, steht am nächsten Tag vielleicht etwas ganz anderes in der Zeitung …

NACH DEM SPIEL:

Generell ist es oft so, dass die Emotionen zweier Mannschaften nach einem Spiel höchst unterschiedlich sind. Die einen freuen sich einen Ast ab, weil sie ordentlich abgeliefert haben. Auf der anderen Seite hat das gegnerische Team einen dicken Hals und schiebt Frust: Wer verkackt schon gern? Nach dem heutigen Spiel ist die Gemütslage beider Teams zur Abwechslung mal identisch, so wirklich ist keiner mit dem Punkt zufrieden, die Enttäuschung über den verpassten Sieg überwiegt also auf beiden Seiten. „Na ja, besser ein Punkt als gar keiner“, gibt der weise Berufsoptimist der Heimelf zu bedenken, für ihn ist das Glas ohnehin stets halb voll, statt halb leer. Richtige Einstellung!

Nicht nur, aber hauptsächlich während der warmen Jahreszeit, sieht man unmittelbar nach dem Spiel auf jedem Sportplatz die gleichen Szenen: Bei einigen Spielern muss zuallererst das Trikot vom Leib, die Stutzen werden runtergeschoben und die Treter durch gemütliche Badeschlappen ersetzt. Der Körper braucht Luft, auch von außen. Danach wird sich an der Getränkebude die erste Kanne geholt. Es wurde viel geschwitzt, nun gilt es also, den Flüssigkeitshaushalt wieder auf Vordermann zu bringen. Wasser täte es zwar auch, aber es gibt nach getaner Arbeit einfach nichts Geileres als ein schönes kühles Reparier-Bier. Danach wird ein bisschen geplaudert, zum Beispiel mit der Frau/Freundin, mit Kumpels und den Mitspielern. Oder mit Spielern der gegnerischen Mannschaft. Die meisten Akteure haben sich vor den Kabinen eingefunden, mittlerweile hat sich auch der letzte Heißsporn abgeregt, alle haben sich wieder lieb. Erfahrungsgemäß legen sich die Emotionen bei den einen relativ schnell, andere brauchen dagegen erst einmal ein paar Minütchen, um wieder langsam runterzukommen. Sie regen sich dann (eventuell in der Kabine) noch ein bisschen auf, schmollen, diskutieren oder schreien lauthals rum, alles raus, was keine Miete zahlt!

Das Programm nach dem Spiel:
Bier & Wurst gegen Hunger & Durst!

Aber irgendwann wird es auch bei ihnen besser und sie kommen ebenfalls vor die Tür. Dort ist die Stimmung mittlerweile relativ smooth. Viele checken auf ihrem Handy die Lage oder die Ergebnisse der anderen Ligapartien. Mit ein bisschen Abstand lässt man das Spiel Revue passieren und schmunzelt gemeinsam über die eine oder andere Situation, auch mit dem Gegenspieler. Versteht man sich gut, wird er auf eine perlende Hopfenkaltschale eingeladen. Im Gegenzug spendiert er eine Kippe, schließlich muss die in den vergangenen 90 Minuten überaus beanspruchte Lunge neu geteert werden. „Unglaublich schwer, zwei Stunden am Stück ohne dieses verdammte Suchtmittel auszukommen", merkt einer der beiden an, während er genüsslich seinen Glimmstängel inhaliert. Im Laufe des Smalltalks geht der Blick sehnsüchtig Richtung Grillgerät und eine wichtige Frage kommt auf: „Sind noch genügend Würstchen auf dem Grill? Wie viele hast du noch drauf? Wehe, ich bekomme gleich keine mehr ab!“ Kurze und knappe Antwort: „Keine Panik, ich hab noch ein ganzes Paket hinten liegen.“ Gott sei Dank! Die Freude über die Bratwurst wird jedoch umgehend vom Ruf des genervten Trainers getrübt: „Auf der Ersatzbank liegen noch Wasserpullen und Klamotten! Ach ja, die Tornetze nehmen sich auch nicht von alleine ab, genauso wenig wie die Eckfahnen allein zurückkommen! Und hat einer den Ball wiedergeholt?“ Solche Aufgaben machen nach dem Spiel so richtig Bock. Aber von allein erledigen sie sich nicht und schließlich kann sich nicht jedes Mal davor gedrückt werden. Oder vielleicht doch? Die Wurst braucht zum Glück noch ein paar Minuten, also werden noch ein paar Kameraden geschnappt und ab geht die Post.

Der Schiedsrichter rennt derweil auch noch draußen herum. Nicht weil er ebenfalls Bock auf Wurstware hat, sondern weil er jemanden sucht, der mit ihm die Daten des Spiels im DFBnet eingibt. Zum Glück sind ihm heute alle wohlgesonnen, es gibt keinen Redebedarf, seine Leistung war im Großen und Ganzen total okay, sehr schön für alle Beteiligten. Als Dankeschön gibt’s eine Bratwurst gratis, die er dann doch nicht verneint, er ist schließlich kein Kostverächter, mit etwas Verpflegung fällt das Ausfüllen des Spielberichtes ja auch deutlich leichter. Früher wurde noch ein einfaches DIN-A4-Blatt genutzt, auf dem man mit dem Griffel alles niederschrieb und das Ding dann in die Post ballerte. Heute geschieht alles elektronisch. Für jüngere Nachwuchsschiris ist das kein Problem, einige Ältere unter den Referees können sich jedoch so gar nicht damit anfreunden. „Mit dem Papier war es doch okay, muss denn heutzutage alles am Computer gemacht werden? Dieses Internet, ich glaube ohnehin nicht, dass das Zukunft hat." Ob er mit dieser Annahme nun Recht hat oder nicht, das Spiel muss pflichtgemäß abgeschlossen werden. Notfalls hilft einer der Betreuer, ob von der Heim- oder Gastmannschaft, das macht keinen Unterschied. Hauptsache alle Infos kommen irgendwie in die Rechenmaschine, ansonsten können saftige Strafen vom Kreis folgen, unerbittlich werden die „Schulden" dann, für alle Vereine ersichtlich, in den kommenden OM veröffentlicht.

In der Kabine kommt eine Stunde später die sonntägliche Frage auf: „Wer nimmt die Trikots mit?" Wie immer meldet sich niemand freiwillig. „Dann macht's halt der, der seine Klamotten als Letzter in den Koffer schmeißt!" Also wird es einen der vier Jungs erwischen, die noch draußen auf dem Platz rumsitzen. Da das Wetter gut ist, sehen sie noch keine Veranlassung, sich zu reinigen und umzuziehen. Sie nehmen es in Kauf, später noch das zweifelhafte Vergnügen zu haben, den Trikotkoffer mitzunehmen und bei der Dame vorbeizubringen, die die Dinger für einen kleinen monatlichen

Obolus nach jedem Spiel wäscht. Neben einer Menge Spaß hat die gemütliche Runde draußen noch einen weiteren Vorteil: Nach 1,5 Stunden Ruhepause für die Duschen ist das Wasser wieder schön warm. Obwohl, den verbliebenen Spielern ist es fast schon egal, mehrere Biere direkt nach dem Spiel haben in gewisser Weise ihre Spuren hinterlassen und so sind die Jungs, sagen wir mal, relativ „entspannt". Mit dieser Gelassenheit schlagen sie dann auch später noch in der Vereinskneipe auf und begießen sich ein wenig. „Einen Absacker schlürfen und das Wochenende ausklingen lassen." Natürlich bleibt es letztendlich nicht bei einem, wer kann schon auf einem Bein stehen? Aber kein Problem, Spaß muss schließlich sein.

Trainingsinhalt der kommenden Woche: der Ball – mein Freund!

Gegen 22:30 Uhr rückt dann noch mal eine dunkle Schlechtwetterfront an, bei allen Spielern vibriert zeitgleich das Handy, der Coach hat einen Text in die WhatsApp–Gruppe geschrieben: „Freunde der Sonne, da wir eben nicht mehr drüber gesprochen haben, hier die Infos zur kommenden Woche: Training findet wie gewohnt Dienstag und Donnerstag statt! Thema am Dienstag: Fußball als Kontaktsport! Thema am Donnerstag: der Ball – mein Freund! Übungsleiter jeweils: Ich! Um rege Teilnahme wird gebeten, wer also Lust und Zeit hat, ist herzlich eingeladen!!! Gruß, der Coach". Klingt gar nicht böse, ist es aber. Wer den Coach kennt, weiß, dass er nach so einem Spiel alles andere als auf Jokemaschine macht und das Training relativ unentspannt werden könnte. „Scheiße!“, denkt sich in dem Moment derjenige, der im Spiel so ziemlich jeden Zweikampf verloren hat. Sofort geht er in sich, um zu überlegen, mit welcher Begründung er sich am besten für das Training am Dienstag abmelden könnte …

7.2: Training

VOR DEM TRAINING:

Der ganz normale Alltagswahnsinn aus Spielersicht: 18:00 Uhr, der Hammer fällt, Feierabend! Endlich. Eigentlich sollte er schon viel eher vonstatten gehen, aber dann ist doch wieder irgendetwas dazwischengekommen. Nun müssen schnellstmöglich die Pferde gesattelt werden, jede Sekunde zählt. Ab in die Karre und mit Warpgeschwindigkeit Richtung Heimat. Aus dem Auto gestürzt, geht es im zügigen Dauerlauf in die Wohnung.

Oberteil, Hose, Stutzen plus Handtuch und eine frische Unterbuchse in die Sporttasche und weiter geht's

Jedes Mal der gleiche Stress, natürlich könnte die Tasche gleich morgens mit ins Auto genommen werden, wäre aber zu einfach. Als Nächstes noch schnell etwas Essbares für unterwegs abgreifen, auf die Hand natürlich, zum ausgiebigen Mahl am Esstisch bleibt keine Zeit. Aber besser so, als später mit komplett leerem Magen beim Training rumzuvegetieren, ohne Mampf, kein Dampf. Fix die Tasche gegriffen, Oberteil, Hose, Stutzen, Schuhe plus Handtuch und eine frische Unterbuchse reingeschmissen und schon wird die Haustüre wieder hinter sich geschlossen. Das halbe Brötchen noch in der Hand, beziehungsweise auf der Kauleiste, geht es zurück ans Steuer Richtung Sportplatz. Könnte knapp werden bis 19:00 Uhr, aber noch ist alles drin. Wenigstens ist das Wetter gut, nicht zu warm, nicht zu kalt, dazu schön trocken. Nach dem bescheidenen Arbeitstag herrscht ein wenig Vorfreude auf das Training. Etwas Gutes muss der Tag doch schließlich noch bringen.

18:50 Uhr, Ankunft am Sportplatz. Eine super Zeit. Die Strafe fürs Zuspätkommen wurde somit erfolgreich umgangen. Nun noch schnell einen Parkplatz für das Auto finden, am besten irgendwo, wo aller Wahrscheinlichkeit nach kein Ball hinfliegen wird. Auf dem Platz zocken bereits die Ersten. Schüler und Studenten, die nach gutem alten Klischee Zeit ohne Ende haben und bequem etwas eher am Platz aufschlagen können. Wobei dies nicht auf alle Studenten zutrifft. Einige sind höchstens freitags beim Training, da sie auswärts studieren. Sonntags sind sie aber regelmäßig dabei, sie fahren erst nach dem Spiel wieder zurück. In der Kreisliga ist das locker machbar, da geht es durchaus auch mal ohne Mannschaftstraining.

In der Kabine angekommen, sitzen dort zwar weitere Strategen, allzu viele sind es aber wieder einmal nicht, leider. Manchmal scheint es, dass sich selbst Arbeitslose abmelden, weil sie Überstunden schieben müssen. Andere melden sich ab und stehen nach 2/3 des Trainings auf einmal mit einem Döner am Spielfeldrand. „Lohnt sich jetzt ja auch nicht mehr. Oder?“ Mit dem Thema Abmeldungen und Ausreden könnten wahrlich ganze Kapitel gefüllt werden, das lassen wir an dieser Stelle aber lieber, bevor noch schlechte Laune aufkommt.

Zurück in die Kabine: Dort wird munter getratscht. Was auch gut ist, so ist der Arbeitstag schnell vergessen. Leider gerät der Trainingsbeginn vor lauter Erzählerei etwas in Vergessenheit, bis irgendwann der Trainer mit ernster Miene durch die Tür lugt und fragt, ob jemand eine Extraeinladung bräuchte. Beeilung ist also geboten. Fix die Klamotten anreißen, bevor es am Ballfach darum geht, noch ein aufgepumptes Spielgerät zu erhaschen. Ein bisschen platt wird toleriert, wenn später „Wer hat schon wieder einen platten Ball mit rausgebracht?“ gefragt wird, war es ohnehin niemand, wer haut sich schon selbst in die Pfanne? Auch weitere Trainingsmaterialien wie Leibchen oder Hütchen werden von den meisten zwar grob im Augenwinkel wahrgenommen, jedoch nicht mit dem Wort „mitnehmen“

in Verbindung gebracht und bleiben somit liegen, bis eine arme Sau noch mal reinkommen und sie holen muss.

5 gegen 2 im Kreis – mit einem Radius, durch den man Diagonalbälle schlagen könnte!

Mittlerweile ist es kurz vor sieben und auf dem Platz sind nun so viele Spieler, dass im berühmten Kreis mit dem 5 gegen 2 gestartet werden kann. „Die zwei Jüngsten gehen rein!" Je nach Leistungsniveau wird mit zwei, drei oder unendlichen Kontakten gespielt. Die ganz harten Kreisligaspezis probieren es direkt, was dann Spielerwechsel im 5-Sekunden-Takt zur Folge hat. Um dem vorzubeugen, wird der Kreis erfahrungsgemäß von Sekunde zu Sekunde größer, so groß, dass nach kurzer Zeit fast schon Diagonalbälle hindurch gespielt werden könnten. Aber wehe, einer der Schummler ist selbst mal drin, dann wird die Runde umgehend mit einem „Lasst uns doch gleich über den ganzen Platz spielen!" kommentiert.

Das inoffizielle Aufwärmen dauert je nach Laune des Trainers und Anzahl der Einzelgespräche, die er eventuell vor dem Training noch führt, 5 bis 30 Minuten und ist aus dem Fußballalltag einer Amateurmannschaft nicht wegzudenken. Irgendwann reicht's dann aber auch und dann geht der Ernst des Trainingslebens wirklich los …

WÄHREND DES TRAININGS:

Das Team kommt zusammen: Der Trainer begrüßt auch den letzten Eintrudelnden mit einem kurzen „Schön, dass du es auch geschafft hast“ und beginnt mit seiner kurzen Rede. Zuerst wird über das vergangene Spiel berichtet, noch mal ordentlich Salz in die Wunde streuen. „Die erste Hälfte war gar nichts, ihr habt die Zweikämpfe nicht angenommen und eine Art Laufbereitschaft konnte ich trotz mehrmaligem Hinsehen auch nicht erkennen.“ Aber man will sich ja schließlich verbessern und so ist Reflexion unbedingt vonnöten, auch wenn sie vielleicht unangenehm ist. Also geht die Schelte weiter. Für die Abwehr: „Beide Gegentore waren lächerlich und total unnötig“. Für das Mittelfeld: „Was habt ihr am Sonntag zwischen 15:00 und 16:45 Uhr eigentlich so gemacht?“ Und zum Schluss für den Stürmer: „Zwei Tore, schön und gut, fünf hätten es aber sein müssen, das sollten wir nicht vergessen. Und der Krampf in der zweiten Halbzeit, was war da denn bitte schön los?“ Zack, sind gleich wieder alle demotiviert. Der Trainer erhebt anschließend noch einmal mahnend den Zeigefinger, dass doch tunlichst mehr geschuftet werden muss, wenn es demnächst wieder Siege sein sollen. „Von nichts kommt nichts, wir müssen uns das Glück weiter hart erarbeiten!“ Schade, dass auf dem Platz kein Phrasenschwein steht.

Das klassische Warm-up: Bahn rauf, Bahn runter, dazu Kniehebelauf, Anfersen, Armkreisen & Co

Der Blick geht anschließend nach vorn, nach dem Spiel ist vor dem Spiel. Bevor im Training auch wirklich Sport betrieben wird, kurz noch ein paar Infos zur bevorstehenden Trainingseinheit, im Anschluss daran startet das Warm-up, worauf die ersten schon keinen Bock haben. „Völlig unnötig, wir haben uns beim 5 gegen 2 doch schon genug aufgewärmt." Den Trainer interessiert das nicht, er zieht das Aufwärmprogramm wie immer eiskalt durch. Ohne Ball, Bahn rauf, Bahn runter, Bahn rauf, Bahn runter. Gespickt wird der Run mit koordinativen Aufgaben: Anfersen, Kniehebelauf, Hopserlauf, Armkreisen vorwärts, Armkreisen rückwärts, beide Arme kreisen, erst vorwärts, dann rückwärts. Kurz vor Schluss noch seitlich über Kreuz, die Arme schwingen mit. Zuletzt werden noch zwei bis drei Bahnen mit 70/80 Prozent absolviert. Kurzum: Alles Dinge, die man im Spiel auch so macht. Welcher Spieler ist während eines Matches schließlich noch nicht armkreisend, anfersend oder hopserlaufend wie ein junges Reh über den Rasen gehüpft? Moderne Kreisligatrainer sind da schon deutlich innovativer unterwegs, bereits das Warm-up beinhaltet Passagen mit dem Ball. Und siehe da, Spaß kommt plötzlich auf. Egal ob Passkombination oder Spielformen, Kreisligafußballer sind ein dankbares Publikum, wenn es darum geht, mal was anders als den Standardkram zu machen, der schon einen Bart hat. Anschließend wird gedehnt.

1 gegen 1: zwei Spieler machen sich gegenseitig fertig und der Rest steht am Rand, wie bestellt und nicht abgeholt!

Hat sich auch der Letzte fertig „gedehnt“, kommt der Hauptteil der Einheit. Thema: Zweikampfverhalten. Der Trainer hat während des letzten Spiels festgestellt, dass dieses total alibimäßig war. Damit es nächsten Sonntag wieder rappelt, soll nun an der körperlichen Robustheit gefeilt werden. Schnell einen doppelten 16er markiert, auf der neuen Linie ein kleines Jugendtor umgekippt und schon ist es angerichtet. Ein Team neben das Jugendtor, das andere Team zum regulären Kasten mit Keeper. Der Trainer schnappt sich noch fix eine Hand voll Bälle, stellt sich auf die imaginäre Mittellinie und knallt dann den Ball ins Feld: Ready to Rumble, 1 gegen 1, bis sich der Ball im Aus oder in einem der Tore befindet. Das kann mal ganz schnell gehen oder auch bis zu zwei Minuten dauern. Geile Übung, zwei Spieler machen sich gegenseitig fertig und der komplette Rest der Mannschaft steht wie bestellt und nicht abgeholt rum und guckt sich das Schauspiel an. Irgendwann sind die beiden Zweikämpfer dann komplett alle, der Ball war im Aus, endlich. Völlig erschöpft schleppen sie sich vom Feld. Startzeichen für die nächsten beiden, die sich ab sofort bekriegen. Die Übung dauert ca. 20 Minuten, bis dahin sollte das Zweikampfverhalten nach des Trainers Vorstellungen sitzen. Dass ¾ der Mannschaft bereits nach fünf Minuten aufgrund der permanenten Rumsteherei schon keinen Bock mehr hatte, ist ihm leider entgangen.

Torschusstraining wie damals: 30 Meter vor dem Tor, Ball wird abgelegt und dann muss die Peitsche knallen!

Teil 2 des Trainings wird für eine weitere Baustelle genutzt: Nicht nur das Zweikampfverhalten hat den Namen nicht verdient, sondern auch der Torabschluss. Torschusstraining, der Albtraum eines jeden Nachbarn. Aber es muss sein, in den letzten Wochen hätten viel mehr Netze gemacht werden können, wenn Konzentration und Zielstrebigkeit gestimmt hätten. Also, Spielfeld von eben schnell abgebaut und alle Mann raus aus dem Strafraum. „Jeder hat einen Ball!“ Wobei das schon zum Problem wird, denn wie immer sind gar nicht genug Bälle draußen. Zu allem Überfluss sind zwei Exemplare noch platt und für einen fulminanten Torschuss absolut unbrauchbar. „Okay, dann teilen sich zwei Leute einen Ball!“ Die Übung ist ganz einfach: Ein Spieler führt den Ball ca. 30 Meter vor dem Tor und spielt dann seinen Mitspieler an, der ein paar Schritte vor dem 16er steht. Dieser legt ab und dann muss die Peitsche knallen! Von insgesamt 40 Torschüssen kommen 15 auf das Tor. Vier schaffen es sogar rein. Auch bei dieser Übung könnten Sinn und

Ablauf hinterfragt werden, machen wir aber lieber nicht.

Das allseits beliebte Abschlussspiel läutet dann das Ende der Trainingseinheit ein. Schnell werden zwei Mannschaften eingeteilt, jung gegen alt, hübsch gegen hässlich oder einfach querbeet durchgemixt. Damit auch jeder weiß, mit wem oder gegen wen gespielt wird, streift sich ein Team die guten alten Leibchen über. Äußerst unfreiwillig, denn gewaschen werden sie nur jedes Schaltjahr und dementsprechend stinken sie wie ein nasser Hund. Dass sie nicht schon längst ein Eigenleben entwickelt haben und von selbst aus der Leibchentüte springen, ist alles. Neuerdings gibt es sie sogar schön bedruckt: „Perspektivspieler“, „Schwalbenkönig“, „Ergänzungsspieler“ oder „Chancentod“. Alles, was einen halt so motiviert. Zeitgleich wird das Feld abgesteckt, es darf beim 5 gegen 5 ruhig etwas enger zugehen, schließlich sollen ja haufenweise Zweikämpfe geführt werden. Aufgrund der Tatsache, dass nur ein Keeper da ist, wird in einem Team improvisiert: „Letzter Mann rettet!“ Und dann kann das muntere Treiben auch schon losgehen. Wobei munter etwas übertrieben ist, wirklich schön anzusehen ist es wahrlich nicht. Tore fallen, obwohl das Spielfeld schön klein ist, eher selten und Zweikämpfe finden, obwohl das Spielfeld schön klein ist, kaum statt. Beide Teams scheinen sich auf einen Nichtzweikampfpakt geeinigt zu haben und so erscheint das Spiel fast schon körperlos, das ist auch dem Trainer nicht entgangen, wieder und wieder fordert er seine Mannen auf, mehr Gas zu geben, was lange nicht erhört wird. Bis zu seinem letzten Trumpf, der kleinen dezenten Info: „Nächstes Tor entscheidet!" Und dann ganz nebenbei der Zusatz: „Verliererteam räumt ab!" Schön für das Team, das bereits mit 0:3 zurückliegt, nun ist doch wieder Land in Sicht. Und siehe da, ab sofort steppt der Bär, beide Teams hauen in die Tasten, Krawall und Remmidemmi. Fünf Minuten später: „Okay Leute, das war's für heute, Feierabend. Denkt dran, die Tore noch vom Platz zu tragen!"

Das wöchentliche Ausschießen der Kiste fällt diesmal flach, morgen hat der Micha Geburtstag und bringt deshalb zur nächsten Einheit freundlicherweise eine Kiste Bier mit. Kumpeltyp, der Micha

NACH DEM TRAINING:

Nachdem einige bereits während des Trainings im Relaxmodus waren, beginnt nun auch für den Rest des Teams der gemütliche Teil des Abends. Für manche direkt, für die Loser aus dem Abschlussspiel nach dem Aufräumakt. Die Tore müssen vom Feld, alle Materialien wollen mehr oder weniger fein säuberlich weggeräumt werden und auch das Flutlicht sollte aus Kostengründen nicht länger als nötig das halbe Dorf beleuchten. Sobald sich alles an Ort und Stelle befindet, geht es in die Kabine. Wichtigste Frage beim Gang dorthin: „Wer holt Getränke?"

Duschwasser, das fast schon siedet. Theoretisch könnte nun der Bademeister reinkommen und einen Aufguss machen

Zeitgleich stehen die ganz Schnellen bereits in der Nasszelle. Aber nicht unter, sondern vor der Dusche. Ihr Ziel ist klar: Sie wollen warmes Wasser abbekommen. Warmes Wasser? Richtig gehört, warmes Wasser. Nicht nur schnelles Internet, sondern auch Wasser in erträglicher Duschtemperatur ist in vielen Kabinen Deutschland ein wertvolles Gut und sehr rar. Wirklich. Nun könnten sich die ganz Schlauen denken: „Ich gehe einfach als Erster, dann ist es noch schön warm." Grundsätzlich kein schlechter Gedanke, aber: Sich mal eben so unter die Dusche stellen, funktioniert nicht ohne schwerwiegende Verbrennungen, so kalt wie das Wasser nach ein paar Minuten wird, umso heißer ist es am Anfang. Heiß ist dabei sogar noch gnadenlos untertrieben. Nach einer Minute ist die Sicht im Raum gleich null, theoretisch könnte nun der Bademeister reinkommen und einen Aufguss machen. Kein Lebewesen verkraftet diesen Brühprozess. Und so heißt es warten und dabei zusehen, wie die Temperatur sinkt. Sobald sie sich im einigermaßen erträglichen Bereich befindet, ist Eile geboten. Es wurde die ganze Zeit schon gelauert, nun kommen alle um die Ecke, jeder will seinen Reinigungsvorgang starten. „Wer hat Duschgel?", hallt es durch den Raum. Eine Frage, die nach jedem Spiel oder Training kommt, immer von den gleichen Jungs. Außer nach Weihnachten, da machen sie einen auf dicke Hose und präsentieren stolz ihr Gel für Haut und Haar, was sie zusammen mit dem passenden Deo geschenkt bekommen haben. Wurde sich mit Duschgel bewaffnet, heißt es, weiterhin schnell sein, mit jeder Minute, in der das Wasser aus dem Duschkopf braust, sinkt auch die Temperatur. Unaufhaltsam und ohne Erbarmen, bis es so kalt ist, dass es gar nicht mehr flüssig sein dürfte. Aber nicht jeder ist so ein Warmduscher. Manche besonders Hartgesottenen, die früher auch beim Bund durch den Schlamm gerobbt sind und nächtelang draußen geschlafen haben, gehen, ohne mit der Wimper zu zucken, auch unter eine kalte Dusche. Echte Männer eben. Und dann gibt es noch die, die draußen nach dem Training noch ein paar aufs Tor geballert haben. Auch sie müssen sich nun einen abfrieren. Oder sie warten so lange, bis alle weg sind, und gehen dann ungeduscht nach Hause.

Die Verweildauer in den Kabinen Deutschlands hat sich in sehr vielen Vereinen und Teams übrigens verändert. Im Vergleich zu früher sind es heute meist die gleichen Wenigen, die regelmäßig länger ausharren. Im Umkehrschluss sind es somit auch immer wieder dieselben Gesichter, die sich rubbeldiekatz dünnemachen. Es ist keine Seltenheit, dass sie schon weg sind, bevor andere noch gar nicht geduscht haben. Vorgetragene Gründe für das schnelle Abhauen gibt es genug: „Ich muss noch was für die Schule tun“, „Ich muss morgen wirklich sehr früh raus“ oder „Ich hab noch Wurst im Auto“ und so weiter. Kann ja sein, es muss sich auch niemand rechtfertigen. Bleibt trotzdem die Frage, ob man sich nicht einfach noch die 10 - 15 Minuten nehmen kann, nicht nur des Teamgeistes wegen. Aber diese Frage muss jeder für sich selbst beantworten.

Gut zu beobachten: Die Verweildauer nach dem Training in der Kabine erhöht sich Richtung Wochenende enorm

Schaut man sich die Verweildauer nach dem Training in der Kabine an, gibt es eine interessante Randerscheinung. Die Erfahrung lehrt nämlich: Je näher es Richtung Wochenende geht, desto länger bleiben die Spieler nach dem Training in der Kabine. Geht es dienstags noch relativ schnell nach Hause, so sieht das donnerstags schon ganz anders aus. Es ist schließlich Vizefreitag und mit ein bisschen Durst wird das Wochenende bereits an diesem Abend eingeleitet. Von Training an einem Freaky Friday wollen wir hier erst gar nicht anfangen, hoch die Hände – Wochenende. Was sich auch auf die Zugriffe der Getränkevorräte auswirkt. Hier ein kleines Beispiel: Anfangs der Woche reicht eine gemischte Kiste, donnerstags werden definitiv zwei (1,5 x pur, 0,5 gemischt) benötigt und freitags – Ach, lassen wir das lieber …

Kapitel 8: Szenerie II
(Ab und zu mal ...)

8.1: Erste Mannschaft vs. Zweite Mannschaft

Bevor eine neue Spielzeit beginnt, stellt sich für die sportliche Leitung eines jeden Vereins, vorausgesetzt er stellt mindestens zwei Herrenmannschaften, die Frage, welche Spieler in welchem Team an den Start gehen werden. Dieser Prozess kann mal sehr einfach, teilweise aber auch recht heikel sein. Die Entscheidung hängt letztendlich vom Spieler und von den Trainern der Ersten und Zweiten ab. Folgende Szenarien können dabei vor jeder Saison beobachtet werden:

Wer spielt Erste, wer spielt Zweite? Die Guten dürfen selbst entscheiden – die Schlechten werden nicht gefragt!

Möglichkeit 1: Der Spieler kann was, nur leider nicht auf dem Platz. Und so erübrigt sich die Frage, ob er zukünftig im Vorzeigeteam des Vereins aufläuft oder „nur“ für die Reserve. Die Entscheidung liegt also nicht bei ihm, sondern bei dem Trainer der Ersten. „So nett er auch ist, aber wenn du ihn sportlich einfach nicht gebrauchen kannst, was willst du da machen?“ Schade für den Fußballer, wenn er wirklich Ambitionen hatte, mal „oben“ anzugreifen. Aber vielleicht ist es für alle Beteiligten einfach besser, ihn im B-Team unterzubringen, dort kommt er wenigstens auch mal zum Einsatz.

Möglichkeit 2: Der Spieler kann was und müsste rein sportlich gesehen in der Ersten spielen. Das Problem an der Sache: Er hat keinen Bock! Er ist ein kleiner Luftikus, kicken schön und gut, aber dafür auch noch zwei Mal die Woche trainieren? „Auf gar keinen Fall!“ Außerdem spielen die meisten seiner Kumpels in der Zweiten. Ihm reicht es also vollkommen, sonntags um 11:00 Uhr ein bisschen hinter den Ball zu treten. Einmal die Woche Training ist auch noch okay, wobei er trotzdem nicht jedes Mal anwesend ist. Muss er aber auch nicht, um sonntags in der Startelf zu stehen, braucht er kein Training. Das wissen sein Trainer und die Mitspieler, sie tolerieren es, da sie sportlich unmöglich auf ihn verzichten können. So macht er sich in der Zweiten einen schönen Lenz und trumpft öfter mal auf, weil er deutlich besser ist als der Rest des Teams. Er ist übrigens auch der Erste, der gefragt wird, ob er sich nach dem Spiel noch bei der Ersten auf die Bank setzen kann, wenn die mal wieder zu wenig Leute hat.

Möglichkeit 3: Der Spieler kann was und will, rein sportlich gesehen, auch das Maximum erreichen. Für die ganz große Karriere reicht es sicherlich nicht, aber in der ersten Mannschaft seines Vereins ist er sehr gut aufgehoben, fühlt sich dort wohl und macht einen seriösen Job. Hier wird er sportlich gefordert und das braucht er auch, bei Halbgas oder Unterforderung wird er chronisch unzufrieden. So einen tollen Einsatz wissen die Verantwortlichen des Vereins zu schätzen und sind deshalb Frühling für Frühling froh, wenn er die Zusage für eine weitere Saison gibt.

Möglichkeit 4: Der Spieler kann was, hat auch durchaus das Zeug für die Erste, kann aufgrund Job, Studium etc. aber nur sehr eingeschränkt trainieren. Manche Studenten sind sogar nur an den Wochenenden in der Heimat. In solchen Fällen muss genau abgewogen werden, in welchem Team er nun am besten aufgehoben ist. Oft pendelt er dann, je nach Personallage, zwischen beiden Teams.

Egal ob Erste oder Zweite,
hauptsache man(n) geht gern hin!

Vielleicht war der ein oder andere Leser dieses Buches irgendwann in seiner Kreisligakarriere auch schon mal in der Situation, in der er sich überlegt hat, wo er nun kicken möchte. Für die etwas besseren Kicker stellt sich diese Frage oft im Spätherbst des aktiven Tuns, nach jahrelanger harter Arbeit in der Ersten soll es nun vielleicht langsamer angegangen werden, eventuell noch ein bisschen in der Zweiten. Für alle, die sich gerade mit dieser Frage beschäftigen oder für die sie irgendwann aktuell sein wird, möchten wir beide Mannschaften einmal grob durchleuchten. Was sind die Vor- und Nach-

teile sowie die Alleinstellungsmerkmale eines jeden Teams? Hier einige Infos zur Entscheidungsfindung:
Erste Mannschaft: Sie ist das Aushängeschild des Vereins, sportlich am besten und auch mit den meisten Zuschauern gesegnet. Wer im jeweiligen Verein kicken und dort das Bestmögliche herausholen will, für den führt kein Weg an der Ersten vorbei. Dies bringt aber auch Pflichten mit sich: Um einigermaßen etwas auf die Kette bringen zu können, muss man als Spieler den Tiger im Tank haben und regelmäßig trainieren, von nichts kommt schließlich nichts. Und nicht nur die Quantität ist höher, sondern auch die Intensität und die Qualität. Rumeiern is' nicht, während der Einheiten muss deutlich mehr Gas gegeben werden als in der Zweiten. Im Spiel ist das natürlich genauso.

Zweite Mannschaft: In der Zweiten ist in der Regel alles deutlich relaxter. Trainiert wird schon mal seltener als „oben". Und obwohl möglichst immer alle da sein sollten, ist dies fast nie der Fall. Es gibt dann auch nicht gleich eine Mannschaftssitzung, in der die Einstellung hinterfragt wird, nein, es ist ganz normal, dass es andere Prioritäten gibt, es ist eben nur zweite Mannschaft. Das ist auch in Sachen Spielvorbereitung so: Nur sehr wenige werden jeden Abend vor dem Spiel zu Hause einen Ruhigen machen, die Füße hochlegen und etwas Gesundes vertilgen, um am nächsten Tag topfit zu sein. Wenn man sonntags noch Restsprit drin hat, dann ist das halt so, wirklich Böse ist einem niemand, erwischt schließlich jeden mal, die einen seltener, die anderen jedes Wochenende. Häufig spielt die Zweite schon morgens um 11:00 Uhr, spätestens um 13:00 Uhr. Vorteil: Man hat anschließend noch was vom Tag, kann also nach dem Spiel etwas mit der Familie machen, zu Hause faulenzen oder sich das Spiel der Ersten mit den Mitspielern ansehen. Nachteil: Wenn am Vorabend richtig einer gemacht wurde, kommt man in der Früh schlechter bis gar nicht aus dem Bett. Vom körperlichen Zustand reden wir besser nicht.

Ach ja, natürlich haben wir auch die Vereine nicht vergessen, die nur über eine Mannschaft verfügen. Seid froh, es könnte schlimmer kommen, nämlich wenn ihr gar keine Herrenmannschaft mehr hättet. Ein Team ist schließlich besser als gar keins. Weiterhin bringt es auch Vorteile, nur eine Herrenmannschaft zu stellen: Der Rasen wird nicht so beansprucht, die Duschen sind vom vorherigen Spiel nicht kalt und beim Training muss sich der Platz nicht mit der Reserve geteilt werden. Und: Es gibt kein Hin und Her zwischen beiden Mannschaften, Spieler zwischen 18 und 40 spielen in einem Team. Es sei denn, es gibt noch eine Ü32 oder alte Herren, aber das ist ein anderes Thema …

8.2: Sommervorbereitung

Früher war die Sommervorbereitung so beliebt wie Zahnschmerzen, da sie eng mit dem Wort Waldlauf verbunden war. Wurden für die anstehende Saison neue Fußballschuhe benötigt, so brauchten diese in der Regel frühestens in der dritten Vorbereitungswoche gekauft werden, vorher waren nämlich Laufschuhe angesagt. Es ging ab in den Wald, so weit die Füße tragen konnten, querfeldein über Stock und Stein, mitten durch die heimische Flora und Fauna. Vielleicht hätte es dort sogar das ein oder andere Interessante zu sehen gegeben, schließlich kann es mitten im Naturreich sehr schön sein und wann ist man schon mal dort? Aber im Normalfall war man während der Läufe im grünen Klassenzimmer ausschließlich damit beschäftigt, den Anschluss an die Gruppe zu halten oder einfach nur zu überleben. Kein Wunder also, dass sich einige lieber mit ihrer Perle 20 km weiter, wo sie keiner kennt, ins Freibad gelegt hätten. Oder haben …

Mittlerweile ist die Vorbereitungszeit auch im Amateurfußball etwas moderner, auch wenn in vielen Orten immer noch recht oldschool gearbeitet wird. Der Waldlauf ist nach wie vor ein Klassiker. Clevere und faule Kreisligakicker zugleich wissen dies und legen sich ihren Sommerurlaub schön in diese Zeit. Offizielle Begründung zum Trainer: „Ich kann leider nur in diesen zwei Wochen Urlaub nehmen, hätte es auch lieber anders gemacht. Ehrlich!“ Inoffizielle Begründung zum Kumpel, der mit wegfliegt: „Scheiß Vorbereitung! Ich bin doch nicht bescheuert und laufe wie ein Geisteskranker zwei Wochen durch die Gegend.“ Und so ist die Truppe schon beim Vorbereitungsstart nicht komplett, da sich manch einer lieber im sonnigen Süden am Strand aalt.

Frust, statt Lust: Wenn sämtliche Muskelfasern die Biege machen und die Motivation einen Ermüdungsbruch erleidet

Für die Daheimgebliebenen heißt es dagegen schuften, schuften, schuften. Von nichts kommt schließlich nichts und so nimmt der Trainer sie heftig ran. War die erste Einheit noch human, es wurde zur Einstimmung lediglich etwas gekickt und anschließend gegrillt, so haben ab dem zweiten Training bereits die Ersten die Schnauze voll und wünschen sich, mit ihrem Kollegen in den Urlaub geflogen zu sein. Zumal der keine Gelegenheit auslässt, in der WhatsApp–Gruppe Bilder vom feinsandigen Strand, alkoholhaltigen Getränken und spärlich bekleideten Mädels zu posten. Aber na ja, selbst die Kreisliga ist nicht immer „Wünsch dir was“, sondern häufig auch „So isses“ und so heißt es, Steigerungsläufe statt Gang zur Strandbude. Da der Coach noch einer der alten Schule ist, lässt er die Schweineläufe unclevererweise am Anfang der Trainingseinheit direkt nach dem Aufwärmen durchführen. Obwohl er lange genug dabei ist, um zu wissen, dass 20 Minuten später die Hälfte der Mannschaft komplett im Arsch und ein weiteres zielgerichtetes Training kaum mehr möglich ist. Aber er lässt sich da nicht reinreden. Leise Kritik wird mit den Worten „Mache ich das hier schon seit über 15 Jahren, oder du?“ und „Ihr macht das schließlich für euch und nicht für mich!“ abgeschmettert. Also wird weitertrainiert, neben Ausdauer wollen schließlich noch Schnelligkeit und Kraft verbessert werden, das geht durchaus alles in einer Trainingseinheit, ob es Sinn macht oder nicht. Hat man ab und zu mal so eine Wahnsinns–Einheit, ist das zwar weder zielführend noch gesund, aber erstaunlicherweise verpackt das der Körper gelegentlich. Ist der Trainer allerdings so verrückt und hat den Vorbereitungsplan dermaßen vollgeballert, dass in den vier Wochen genau sechs Tage frei sind, dann lichtet sich der Kader von Training zu Training. Einerseits wegen akuter Unlust, andererseits wegen diverser Verletzungen. Was bei genauerem Betrachten auch glasklar ist: Der Körper des gemeinen Amateurkickers ist in der Regel ohnehin nicht auf Leistungssport programmiert. Hinzu kommt, dass er in den Wochen der Sommerpause kaum gefordert wurde, der Fokus wurde nämlich ganz klar auf Chillen und Grillen gelegt. Nun soll er innerhalb kürzester Zeit von Null auf Zehntausend fahren. Kein Wunder, dass einigen sämtliche Muskelfasern um die Ohren fliegen oder die Motivation einen offenen Ermüdungsbruch erleidet.

Freundschaftsspiele: jede Vorbereitung gegen dieselben Hobbits aus dem Nachbardorf

Ein bisschen Freude kommt dann auf, wenn statt Training mal ein Freundschaftsspiel, oder besser gesagt ein Testspiel, auf dem Programm steht. Wenigstens ein bisschen Abwechslung. Aber wirklich nur ein bisschen, denn im Normalfall geht es in jeder Vorbereitung gegen die gleichen Hobbits aus dem Nachbarort, die eine Liga drunter oder drüber spielen, gegen ein Team aus der gleichen Liga wäre schließlich uncool, reicht schon, in der Saison zwei Mal gegen die ranzumüssen. Testspiele werden vom Trainer auch mal zum Anlass genommen, etwas auszuprobieren. Und so findet sich der vorne glücklose Stürmer auf einmal hinten wieder, immerhin müsste er aus eigener Erfahrung ja wissen, wie die Gegenspieler dort ticken. Manchmal klappen solche Experimente, manchmal nicht. Dann wird der Stürmer schnell wieder nach vorn beordert, zwar trifft er auch weiterhin keinen Möbelwagen, aber wenigstens kann er dort nicht so viel Schaden anrichten wie hinten.
Eines der wenigen Highlights sind teambildende Maßnahmen, die im Sommer eingestreut werden. Variante a.) Kletterpark, Kanutour, Fußballgolf, Paintball etc., Variante b.) Gang über den Rummel, auf ein Schützenfest oder es wird sich einfach in der Vereinskneipe die Festplatte gelöscht. In gemütlicher und entspannter Atmosphäre mit einigen Kaltgetränken werden selbst die Stillsten warm und es sprudelt aus ihnen heraus wie ein Wasserfall. Für die Kameradschaft sind solche Veranstaltungen eine gute Sache. Dabei interessiert niemanden, dass

die in den Tagen zuvor antrainierte Fitness aufgrund der ungesunden Lebens- und Ernährungsweise mit Füßen getreten wird. Hauptsache Spaß haben, ist ja schließlich nur Hobby.

Vorbereitungsplan

Tag	Datum	Uhrzeit	Maßnahme	Ort	Bemerkung
Samstag	16. Juli	14:00	Trainingsauftakt	Sportplatz/Wald	Anschließend Grillen
Sonntag	17. Juli	15:00	Testspiel	Sportplatz	Treffen: 13:30
Montag	18. Juli				
Dienstag	19. Juli	19:00	Training	Sportplatz/Wald	
Mittwoch	20. Juli	19:00	Training	Sportplatz/Wald	
Donnerstag	21. Juli				
Freitag	22. Juli	19:00	Training	Sportplatz/Wald	
Samstag	23. Juli	16:00	Teambildende Maßnahme	Sportheim	Anschließend auf den Rummel
Sonntag	24. Juli				
Montag	25. Juli	19:00	Training	Sportplatz/Wald	
Dienstag	26. Juli	19:00	Testspiel	Sportplatz	Abfahrt: 17:30
Mittwoch	27. Juli				
Donnerstag	28. Juli	19:00	Training	Sportplatz/Wald	
Freitag	29. Juli	19:00	Trainingslager	Sportplatz	
Samstag	30. Juli	Ganztägig	Trainingslager	Sportplatz	
Sonntag	31. Juli	Ganztägig	Trainingslager	Sportplatz	
Montag	1. August				
Dienstag	2. August	19:00	Training	Sportplatz	
Mittwoch	3. August	19:00	Training	Sportplatz	
Donnerstag	4. August				
Freitag	5. August	19:00	Training	Sportplatz	
Samstag	6. August				
Sonntag	7. August	15:00	1. Runde Pokal	Sportplatz	Treffen: 13:30
Montag	8. August				
Dienstag	9. August	19:00	Testspiel	Sportplatz	Abfahrt: 17:30
Mittwoch	10. August				
Donnerstag	11. August	19:00	Training	Sportplatz	
Freitag	12. August	19:00	Training	Sportplatz	
Samstag	13. August				
Sonntag	14. August	15:00	2. Runde Pokal	Sportplatz	Bei Pokalaus in Runde 1: Training
Montag	15. August				
Dienstag	16. August	19:00	Training	Sportplatz	
Mittwoch	17. August	19:00	Testspiel	Sportplatz	Treffen: 18:00
Donnerstag	18. August				
Freitag	19. August	19:00	Training	Sportplatz	
Samstag	20. August				
Sonntag	21. August	15:00	1. Spieltag	Sportplatz	Treffen: 13:30

Zu jedem Training sind Laufschuhe mitzubringen!

Ohne die Sommervorbereitung schlechtreden zu wollen, aber manchmal gibt es wirklich schönere Dinge. Die Trainingshäufigkeit nervt und die Einheiten an sich machen oft nicht sonderlich Bock, besonders nicht in den ersten Wochen. Die Freunde räkeln sich schön auf dem Balkon, sitzen im Biergarten oder liegen im Freibad – wie gern würde man dem beiwohnen, statt wie ein Blöder um 19:00 Uhr nach einem langen und nervigen Arbeitstag noch irgendwelche Sprints zu absolvieren und sich dabei anschreien zu lassen. Bei immerhin 27 Grad.

Wer sich dem trotzdem stellt und die Vorbereitung einigermaßen durchzieht, kann sich anschließend zumindest ein bisschen glücklich schätzen und stolz auf sich sein. Klar, es war teilweise echt zäh, aber auch diesmal hat man es wieder gepackt. Irgendwie. Nun kann mit Fug und Recht behauptet werden, wieder ein kleines bisschen fitter zu sein. Was dann im Spiel nicht verkehrt ist, wenn auf einmal die zweite Luft einsetzt und der keuchende Gegenspieler, der scheinbar öfter mal das Training geschwänzt hat, eiskalt stehengelassen wird, um noch mal vollmundig zum Angriff zu blasen …

8.3: Sportfest

Jahr für Jahr, meist in der Sommerpause oder in der Saisonvorbereitung, findet in vielen Vereinen das beliebte Sportfest statt. Dieses dauert in der Regel 2 - 3 Tage und bietet sowohl den Sportlern als auch interessierten Zuschauern eine ganze Menge. Da das Sportfest immer eine feine Sache für jedermann ist, möchten wir euch einen kleinen Einblick in einen möglichen Ablauf nicht vorenthalten:

FREITAG:

Der Freitagabend steht im Zeichen von Spaß und Feierei. Oft wird in den Abendstunden ein Kleinfeld-Hobbyturnier (alternativ ein Firmencup) veranstaltet, bei dem mehr getrunken als gekickt wird.

Im Anschluss an das Turnier wird Party gemacht und das nicht zu knapp. Die Bewirtung übernimmt entweder der örtliche Getränkelieferant oder der Verein in Eigenregie. Freitags steht dann zum Beispiel die Alte-Herren-Mannschaft hinter der Theke.

SAMSTAG:

Am Samstag sind die Kinder an der Reihe. Im Laufe des Tages bekommt jedes Jugendteam die Chance, sich zu zeigen, entweder während eines kleinen Turniers oder in einem Freundschaftsspiel gegen den Nachwuchs aus dem Nachbarort. Die Tageszeit steht übrigens mit dem Alter der Jugendspieler in Einklang, der Tag beginnt mit den Minis und endet mit der A-Jugend.

Bei Vereinen, die nicht nur über eine Fußballsparte, sondern zum Beispiel auch über Breitensport verfügen, kann am Samstag noch das Sportabzeichen erworben oder an einem Hobbylauf teilgenommen werden.

Am Samstagabend kann, muss aber nicht so viel gefeiert werden wie am Freitag. Zumindest die erste Mannschaft muss sich etwas zurücknehmen, denn ihr großer Auftritt kommt ja noch am Sonntag. Trotzdem sind die Spieler natürlich am Samstag vor Ort, zum Beispiel in der Bierbude, denn auch sie sind nicht vor dem Thekendienst gefeit.

SONNTAG:

Der Sonntag beginnt – zumindest in katholischen Gegenden – mit dem Gottesdienst, anschließend wird zum traditionellen Sportlerfrühstück geladen. Das Frühstück wird entweder vom DJ, der auch schon die beiden Vorabende musikalisch untermalt hat, oder von der örtlichen Musikkapelle begleitet. Bei Kaffee, Rührei und Mettbrötchen kommt es dann zu einem gemütlichen Plausch. Die illustren Gespräche werden lediglich von diversen Reden (vom Präsi, Bürgermeister, Kreisvorsitzenden etc.) oder Ehrungen unterbrochen. Irgendwann wird der Kaffee dann von köstlichem Gerstensaft abgelöst, neidische Blicke der Kicker, die später noch ranmüssen, machen die Runde.

Nachdem die Mittagszeit relativ ruhig verlaufen ist, lediglich ein paar Zuschauer haben den Absprung nicht geschafft und schon gut einen im Tee, finden nachmittags die Einlagespiele der Seniorenmannschaften statt. Um 13:30 Uhr beginnt die Zweite Mannschaft, im Anschluss daran läuft die Erste Mannschaft auf, das Beste kommt schließlich zum Schluss. Meist sind diese Spiele freundschaftliche Vergleiche, in denen der neue Kader erstmals dem heimischen Publikum präsentiert wird. Manchmal fällt das Sportfest aber auch auf den ersten Spieltag, dann geht es also schon gleich ordentlich zur Sache.

Der Sonntagabend ist dann relativ ruhig, großartig gefeiert wird nicht mehr, zu sehr hängen vielen Teilnehmern die vorherigen 48 Stunden in den Knochen, alle sind irgendwie platt. Außerdem muss am nächsten Tag wieder gearbeitet werden. Deshalb hauen sich viele an der Würstchenbude noch schnell den Bauch voll und dackeln anschließend gegen 18:00 Uhr nach Hause.

8.4: Trainingslager

Ein jährlich wiederkehrendes und auch irgendwie besonderes Ereignis in der Sommervorbereitung ist das Trainingslager. Dabei geht für die Spieler das Wort „besonders" jeweils mit einem Adjektiv einher. Wenn sie das Wochenende mit zwei Worten beschreiben müssten, so würden sicher die Worte „besonders spannend", „besonders anstrengend" oder auch „besonders beschissen" fallen. Die einen finden es total geil, die anderen weniger, sie nehmen es aber hin. Nochmals andere haben mal so gar keinen Bock darauf und fahren eher widerwillig mit, kommen erst einen Tag später oder sind überhaupt nicht dabei. Für uns ist das Thema jedenfalls so besonders, dass wir ihm sogar ein eigenes kleines Kapitel widmen.

Bevor losgefahren wird, muss eine Menge geplant werden. Zuerst: „Wo soll es hingehen?" Ein Trainingslager im Ausland abzuhalten, wäre für den

Amateursport schlichtweg übertrieben und außerdem, wer soll das bezahlen? Also muss eine kostengünstigere Alternative herhalten: Entweder im eigenen Dorf oder in einem ca. zwanzig Kilometer entfernten Ort, aus dem des Trainers Arbeitskollege kommt, der das Ganze freundlicherweise eingestielt hat. Alternativ kann man sich auch in einer Sportschule einmieten und das erste Mal in seinem Leben auf einem Weltklasserasen spielen, aber auch das gibt es nicht umsonst.

Der Samstagmorgen: Laufschuhe & Nadelwald, statt Bildzeitung und Kaffee

Steht der Ort fest und ist der Termin fix, so geht es irgendwann auf die Reise. Meist startet man freitags unmittelbar nach der Arbeit durch, damit der Trainer abends gleich zur ersten Einheit bitten kann. Diese ist erfahrungsgemäß relativ entspannt, ein kleines Turnierchen zum Beispiel. Hauptsache, die Einheit macht Spaß, die Spieler sollen schließlich nicht gleich am ersten Abend demotiviert werden. Nach dem Training folgt ein Mannschaftsabend. Organisatorische Themen wie die Wahl von Kapitän und Mannschaftsrat sowie die Festlegung des Strafenkataloges stehen auf der Agenda. Anschließend wird noch ein wenig zusammengesessen, bevor Nachtruhe herrscht. Selbst die sonst so Feierwütigen halten sich alkoholtechnisch an diesem Abend zurück, zu groß ist der Respekt vor den drei

Trainingseinheiten bei hochsommerlichen Temperaturen am nächsten Tag. Wenn man schon einmal da ist, soll die Zeit schließlich möglichst intensiv genutzt werden.

Der Samstagmorgen beginnt fast früher als ein Arbeitstag und statt Kaffee und Bildzeitung finden sich die Spieler auf einmal bei Vogelgezwitscher mit Turnschuhen in irgendeinem fremden Wald wieder. Im Anschluss an den lockeren Lauf und eine erquickende Dusche steht die erste Stärkung an. Nach dem gesündesten Frühstück des Jahres, es gab Müsli, Brötchen, Ei und Obstsalat plus frischer Milch und wahlweise Orangen- oder Multisaft, beginnt die erste Trainingseinheit auf dem Platz. „Zehn Uhr morgens, komische Uhrzeit zum Trainieren“, denkt sich der irritierte Amateurfußballer. Was er kurze Zeit später auf dem Platz vom Trainer zu hören bekommt, weiß er ebenfalls nicht so recht einzuordnen: „Heute trainieren wir taktische Dinge“, lautet die kurze Einführung des Trainers. „Aha, taktische Dinge also, was auch immer das heißen mag.“ Was folgt, sind die verschiedensten Passkombinationen zum Spielaufbau aus der Abwehr. Leider scheitern viele Versuche spätestens nach dem dritten Pass. Hoch auf Halshöhe statt flach in den Fuß, viel zu ungenau oder zu scharf beziehungsweise zu lasch. Der folgende, etwas anspruchsvollere Teil mit Gegenspielern wird deshalb spontan vereinfacht, statt acht, nur fünf Gegenspieler, zu groß sind die Diskrepanzen zwi-

schen einigen Passhassern und dem Ball. Nachdem es dann irgendwann einigermaßen läuft, wird noch ein Abschlussspiel organisiert. Was dabei auffällt: Die kurz zuvor einstudierten Kombinationen scheinen sehr schnell vergessen.
Für 12:30 Uhr steht das Mittagessen auf dem Programm. Nudeln so weit das Auge reicht, es gilt, die leeren Kohlehydratspeicher aufzufüllen, dazu Tomatensauce, ein leckeres Salätchen und literweise Wasser. Schon wieder wunderbar gesund, die Mahlzeit. Um das Essen kümmert sich die Cateringfirma aus dem Dorf, welche sonst Geburtstage und Hochzeiten ausrichtet. Der Vorstand übernimmt die Rechnung, feiner Zug von ihm. Nachdem das schmutzige Geschirr abgeräumt ist, sind zwei freie Stunden angesagt, die fast ausschließlich mit dem Handy verbracht werden, Gespräche werden heutzutage überbewertet.

Die Nachmittagseinheit: die ersten Verschleißerscheinungen machen sich breit. Unwiderruflich!

Beim Umziehen für die Nachmittagseinheit zwickt es den ersten Kickern bereits an verschiedenen Stellen, ganz schön ungewohnt, so viel Sport an zwei Tagen. Aber es soll noch schlimmer kommen: Natürlich möchte der Trainer sein Team taktisch verbessern, aber fit soll es auch sein. Dazu hat er während des Aufwärmens, welches der Kapitän leitet (Lauf-ABC) für seine Mannen in mühevoller Kleinarbeit einen netten Parcours mit insgesamt zwölf Stationen aufgebaut. Jede Station zwei Minuten, permanent muss Gas gegeben werden. Lediglich beim Lauf von der einen zur nächsten Station darf es etwas lockerer zugehen. Spätestens nach der Hälfte der Stationen sind die meisten kurz und klein. Die Übungen werden kontinuierlich unsauberer und langsamer, es wird beschissen, wo es nur geht, ab nun geht es einzig darum, durchzukommen. 45 Minuten später ist es geschafft, besser gesagt sind die Spieler geschafft. Auf das Abschlussspiel wird verzichtet, hat keinen Sinn, hat auch keiner mehr Bock drauf. Lediglich zum Ausschießen lassen sich die Jungs noch überreden. Keeper ins Tor, jeder Feldspieler legt seinen Ball auf 16-18 Meter und dann wird noch mal alles rausgeholt und in diesen einen, hoffentlich letzten Schuss reingelegt. Wer trifft, darf duschen gehen, die letzten drei räumen die Stationen aus dem Parcours auf. 15 Minuten und unzählige Fehlschüsse später ist dies dann auch der Fall. Gut, dass der Betreuer zwischendurch schon mal angefangen hat, die Materialien wegzuräumen, es wird ihm mit einem anerkennenden Klappser auf die Schulter und den Worten „Du bist der Beste!" gedankt.

Bevor es zum Abendessen geht, bleibt noch etwas Zeit zum Relaxen. Die meisten liegen irgendwo rum, sind fix und alle und haben kaum etwas zu erzählen. Sie brauchen Zeit für sich und müssen zunächst wieder einigermaßen klarkommen. Zum Glück steht nach dem Abendessen offiziell nichts mehr an, ursprünglich waren ein paar teambildende Maßnahmen geplant, aber ein Stündchen zusammenzusitzen und nichts tun zu müssen, scheint jetzt am sinnvollsten. Also wird das Bergfest relativ ruhig mit ein paar Flaschen Bier begossen, entweder in gemütlicher Runde oder mit 2 - 3 Leuten auf dem Zimmer. Früher oder später fallen die meisten dann wie ein kleines Kind, das den ganzen Tag viel erlebt hat, ins Bett und träumen voller Hoffnung von weniger anstrengenden Zeiten.

Eine Mütze Schlaf später, der Wecker klingelt. Die Sonne lacht die Spieler an – und der Wald sie aus. Wieder will er morgendlich erobert werden. Hat es gestern wenigstens noch ein ganz kleines bisschen Spaß gemacht, weil es vielleicht irgendwie besonders war, nervt es heute nur noch. Die Motivation hält sich stark in Grenzen und nicht wenige nölen bereits rum, wie viele Wehwehchen sie doch ertragen müssen. Vom Trainer gibt es dazu nur einen kurzen Kommentar: „Das ist nur Muskelkater, den müsst ihr rauslaufen!" Im Laufe der ersten getanen Meter wird es tatsächlich etwas besser, der alte Generator muss erstmal anspringen und die müden Beine müssen Betriebstemperatur erreichen. Nach dem Lauf der gleiche Ablauf wie am Vortag, leckeres Sportlerfrühstück und dann Training auf dem Platz.

Für das Vortäuschen einer Verletzung ist es nun zu spät – Durchziehen ist angesagt!

Allein das Umziehen gleicht mittlerweile einer Tortur, nach zwei Tagen Vollgas hören auch die letzten Kicker die Warnsignale ihres Körpers, der mit Nachdruck sagt: „Hör endlich auf damit!“. Gedankengänge wie „Ich Vollidiot, warum habe ich nicht einfach gesagt, dass ich erst Samstag oder Sonntag dabei sein kann?!“ oder „Für die vorgetäuschte Verletzung ist es jetzt auch zu spät“ schießen durch den Kopf. Aber all das Selbstmitleid hilft nichts, nach der dritten Ermahnung des Trainers müssen auch die Letzten raus zur nächsten Einheit.

Selbst das Warmlaufen ist nun ein schmerzhafter Akt. Kalter Schweiß läuft an den Schläfen herunter, so richtig kommt keiner in Schwung. Glücklicherweise ist die Einheit nicht so anstrengend, der Trainer hat Verständnis für die körperlichen Wracks und bevor auch der letzte Muskel zumacht, stehen im Anschluss an ein längeres 5 gegen 2 mit verschiedenen Passübungen lediglich diverse Standards auf der Agenda. Coach Carter hat sich etwas

Feines ausgedacht, zukünftig sollen die Gegner mit den tollkühnsten Eckenvarianten überrascht werden. Bis dies der Fall ist, wird es aller Voraussicht nach aber noch dauern. Lange sogar. Sehr lange. Während die meisten Angreifer in und um den Strafraum nach relativ kurzer Zeit wissen, wo sie zu stehen oder hinzulaufen haben, entwickelt sich auch in dieser Übung mal wieder der Ball oder eher gesagt die miese Technik des Schützen zum eigentlichen Problem. Der Eckenschütze bekommt maximal zehn Prozent der Bälle dorthin geschossen, wo sie hin sollen. Der Rest landet im Nirvana oder bei den Gegenspielern.

20 Minuten später, Frust ist angesagt.

1.) Bei den Spielern im Strafraum, weil die Übung stinklangweilig war, sie nur rumstanden und kaum einen Ball gesehen haben.
2.) Beim ursprünglichen Eckenschützen, da er nach 25 Fehlversuchen ausgetauscht wurde und dies nun an seinem Selbstvertrauen nagt und
3.) beim Trainer, weil er nach seinen tollen Geistesblitzen mal wieder eindrucksvoll auf den Boden der Tatsachen zurückgeholt wurde.

Bevor die Stimmung noch mehr kippt, wird wieder Fußball gespielt, Spielen ist schließlich das beste Training. Es gibt allerdings ein paar Vorgaben, denn der Spielaufbau vom Vortag soll weiter gefestigt werden. Lange Bälle sind diesmal verboten, sehr zur Freude der verteidigenden Mannschaft, die um die Behäbigkeit der gegnerischen Abwehrspieler weiß und volle Pulle vorn draufgeht. Selten wurden in einem Trainingsspiel so viele Torchancen gezählt wie in diesem. Leider nur für das Team, das nicht mit dem Spielaufbau begonnen hat.

Nachdem das Spiel und damit auch die letzte Trainingseinheit über die Runden gebracht wurden, heißt es Abschied nehmen vom Ort des Grauens. Fix noch die Leibchen, Hütchen, Stangen etc. verpackt, geduscht, Tasche zusammengeräumt und dann noch mal zum Mittagessen. Zur Überraschung aller gibt es wieder Teigwaren, im Gegensatz zu gestern lediglich in einer anderen Form, Spagetti statt Schleifen. Diesmal mit Bolognese-Sauce und natürlich wieder mit Salat und Dressing, das Gleiche wie am Vortag.

Der Trainingslager–Sonntag ist für sehr viele Spieler der Tag im Jahr, an dem man sich am wenigsten auf ein Spiel freut. Der Coach hat es mal wieder sehr gut gemeint und für den Nachmittag ein abschließendes Testspiel vereinbart. Statt nach Hause zu fahren, wird nun auf halber Strecke angehalten und gegen das Ex-Team vom Trainer gekickt. Der einzige Strohhalm, an den sich einige klammern, ist die Tatsache, dass das gegnerische Team eine Liga niedriger spielt. „Vielleicht klappt's ja auch mit halber Kraft? Hoffentlich."

Zum Schluss noch mal eine schöne Klatsche gegen einen unterklassigen Gegner. Klasse!

Zwei Stunden später: Es hat nicht mit halber Kraft gereicht, wahrscheinlich wäre der Gegner an jedem anderen Tag im Jahr deutlich geschlagen worden, heute aber nicht! Der einstudierte Spielaufbau war eine Katastrophe, wenn es im fitten Zustand schon nicht klappt, wie dann bitte schön nach einem schweißtreibenden Trainingslager? Von den Eckenvarianten fangen wir erst gar nicht an. Und auch der Rest des Dargebotenen war grottig. Am Ende steht ein 1:4 auf dem Spielberichtsbogen. „Die haben ja auch nur am Freitag trainiert, nicht so wie wir, sechs Mal in drei Tagen", lautet die kurze Feststellung des Zehners. So wirklich böse über das Ergebnis ist aber niemand, zu sehr schmerzt der Körper der Spieler, sie wollen nur noch nach Hause. Und so geht es wie in Trance Richtung Heimat. Schnell wird auf dem Weg noch eine Pizza geholt, Nudeln sind seit diesem Wochenende fürs Erste out, anschließend geht es ab auf das Sofa. Die Trainer-Nachricht auf dem Handy „Hey Jungs, gut trainiert am Wochenende, davon werden wir noch lange zehren!" wird zwar kurz registriert, aber nicht mehr wirklich wahrgenommen …

8.5: Wintervorbereitung

Winterzeit: Arschkalt. Nass. Glatt. Dunkel. Schnee. Menno! Früher stand man noch total auf den Winter und freute sich wie Hein Blöd, wenn es draußen weiß war. Schneeanzug an, Bob oder Holzschlitten aus der letzten Ecke des Kellers gekramt und ab ging die Post. Oder es wurde ein stylischer Iglu errichtet, direkt neben dem Schneemann. Heute ist das Verhältnis zum Winter deutlich kühler, auf Deutsch gesagt gar frostig. Zumindest wenn es um Fußball geht, denn die Monate von ca. November bis ca. März haben eine fiese Charaktereigenschaft, die allen Kreisligaspezis das Leben extrem schwer machen kann: Das Wetter in diesem Zeitraum ist kaum berechenbar. Wie schön es doch im Sommer ist, die Vorbereitungszeit ist penibel durchgeplant und wenn nicht gerade ein heftiges Wärmegewitter runterkommt, findet in der Regel auch alles wie geplant statt. Im Winter dagegen ist immer wieder das Gegenteil der Fall. Eine Menge dem Wetter geschuldeter Unwägbarkeiten erschweren eine optimale Wintervorbereitung. Schnee und Frost lassen die Plätze unbespielbar werden oder das Auto, noch mit Sommerreifen ausgestattet, weil's geiler aussieht, schafft es nicht, bis zum Sportplatz durchzukommen. Als ob dies nicht schon schlimm genug wäre, kommt das Ganze auch durchaus mal sehr kurzfristig. Oft muss also improvisiert werden. Doch selbst damit noch nicht genug, im Amateurbereich ist selbst die Dauer der Winterpause nicht exakt vorherzusagen. Sollte es laut Plan schon Mitte Februar wieder losgehen, wird es auf einmal nichts vor Mitte März. Keine einfache Situation also.

Die häufigsten Abwesenheitsgründe im Winter: Schnupfen und faules Fieber

Aber der Reihe nach, zuerst trudelt bei jedem Akteur einige Wochen vor Beginn der Wintervorbereitung der Vorbereitungsplan ein. Natürlich nicht ohne den Hinweis, dass bei jeder Einheit Laufschuhe mitzubringen sind. Obwohl die Termine in der Regel früh genug bekannt gegeben werden, ist die Trainingsbeteiligung im Winter deutlich schwächer als im Sommer. Vielleicht aufgrund des Wetters? Kann sein, komisch ist es schon, dass einige regelmäßig für eine bestimmte Zeit mehr oder weniger verschollen sind und dann mit dem Frühling wie die Bären aus ihrem Winterschlaf zu erwachen scheinen. Kleine Verletzungen, wegen denen man auf gar keinen Fall zum Training kommen kann, sind jedenfalls an der Tagesordnung. Die häufigste Ursache für die Abwesenheit beim Training: Faules Fieber oder Schnupfen. „Training? Keine Chance! Ich bin todkrank."

Malochen ist angesagt: Fitness statt Fettness!

Diejenigen, die sich zum Training aufraffen können, stapfen während der Laufeinheiten im Dorf tapfer durch den Schnee, absolvieren in der Turnhalle keuchend und mit schmerzverzerrtem Blick den Todeszirkel oder brechen sich im Fitnessstudio, zum Beispiel beim Spinning, schwer einen ab. Wenigstens werden sie vom Trainer mit einem Potpourri an guten Ratschlägen unterstützt: Tipps wie „Arme hoch!“, „Nicht stehen bleiben!“, „Nicht hinsetzen!“ oder „Locker weiterlaufen!“ helfen kurz vor dem Verlust des Bewusstseins unheimlich weiter. Aber es nützt alles nichts, es muss am körperlichen Zustand etwas verbessert werden, Fitness statt Fettness ist angesagt, schüttel deinen Speck!

Auch in der Wintervorbereitung sollten Testspiele, nicht zuletzt als willkommene Abwechslung zum schweißtreibenden Training, auf der Agenda stehen. Wenn sie denn stattfinden können. Es soll schon Teams gegeben haben, die bis zum ersten Meisterschaftsspiel weder auf dem Platz trainieren, geschweige denn Testspiele absolvieren konnten. Um überhaupt mal etwas hinter den Ball treten zu können, besteht alternativ die Möglichkeit, Hallenturniere zu bestreiten. Die Teilnahme ist für die Spieler dabei erfahrungsgemäß freiwillig. Die alten Hasen haben keinen Bock mehr darauf und nutzen die Zeit für private Dinge. Für andere ist die Verletzungsgefahr zu groß, auch sie sind raus. Einige andere hätten zwar Bock, sind in der Halle jedoch dermaßen unbrauchbar, dass man sie zwar mitnimmt, allerdings nur als Zuschauer. Ist sicherlich besser so für alle Beteiligten.

Nun ja, egal wie eine Wintervorbereitung letztlich auch verläuft, eines ist immer gleich: Auch sie geht zu Ende und das ist gut so. Sie erfreut sich ohnehin nicht der allerhöchsten Beliebtheit und so ist jeder Kicker froh, wenn es draußen endlich wieder wärmer, trockener und abends länger hell ist …

8.6: Nach der Saison

Irgendwann, nachdem man erfolgreich an Sommer, Herbst, Winter und Frühling teilgenommen hat und unzählige Trainingseinheiten sowie Spiele abgespult wurden, ist auch die längste Saison einmal zu Ende. „Wurde auch Zeit“, denken sich viele, irgendwann ist die Luft schlichtweg raus. Bevor alles rund um den Fußball jedoch für ein paar Wochen in der Mottenkiste verschwindet, steht noch die Mannschaftsfahrt an.

Niveau-Limbo vom Allerfeinsten, drei Tage wach, druff, druff, druff!

Für viele das Highlight einer jeden Spielzeit und das mit Abstand wichtigste Auswärtsspiel des Jahres. Niveau–Limbo auf höchstem Niveau, drei Tage wach, druff, druff, druff! Man muss sich schließlich auch mal gönnen können, also hoch die Tassen – schmecken lassen. Orte, an denen die Teilnehmer der Lustreise steilgehen können, gibt es viele: Entweder es geht in eine nette Großstadt oder Richtung irgendeiner Partyhochburg, in der sonst eher hochmotivierte Kegelclubs zu Gast sind. Gelegentlich knattert man auch ins Ausland, Amsterdam in Holland, Goldstrand in Bulgarien oder eben zur absoluten Nummer 1: Mit alle Mann zum Ballermann! Malle ist DER Wallfahrtsort für Kreisligapilger schlechthin, mindestens einmal im Leben muss man dort gewesen sein, sonst fehlt irgendwas.

„Hello my friends", ruft der nette Helmut

Die Buchung erfolgt bestenfalls schon ein Jahr vorher, während der Sommervorbereitung. Spätestens mit Anfang der Saison, sonst wird es entweder zu teuer oder es gibt nichts mehr. Die Reise an sich gleicht dann einem wahren Abenteuer. Schon der Flug ist spannend, für einige bereits am Vorabend durstige Kollegen stellt sich hier die erste knifflige Aufgabe, nämlich mit in den Flieger zu kommen. Im sonnigen Süden angekommen, werden schnell die Koffer im Bettenbunker platziert und dann geht es los, um die Seele ein wenig baumeln zu lassen. Den Strand noch nicht halb vor Augen, schallt den Feierbiestern bereits ein freundliches „Hello my friends" von einem der zahlreichen Helmuts entgegen. Helmuts sind, so lange sie Umsatz wittern, sehr nett und wollen scheinbar nur das Beste für einen. Meist ist aufgrund der starken Sonneneinstrahlung eine getönte Brille unumgänglich. Jedoch ist es ganz egal, ob schon eine im Gesicht glänzt oder nicht, die Modelle, die er hat, sind einzigartig, die braucht Mann von Welt: „Original Rey Beri, ungetragen, heute billig – morgen teuer, neue Kollektion, 100 Jahre Garantie“. Und dazu noch in den verschiedensten Farben erhältlich. Horrido! Wie gesagt, eigentlich braucht man gar keine, aber scheiß drauf, Malle ist nur ein Mal im Jahr. Gekauft! Anschließend geht es für die Gesichts-Günthers zum Strand, in den Megapark oder noch fix zum Grillmeister, um eine Grundlage zu schaffen. Alles, was danach kommt, kann aus Gründen der Privatsphäre an dieser Stelle nicht weiter erläutert werden. Dass drei Tage lang schlimmster Raubbau am eigenen Körper betrieben wird, ist gewiss kein Geheimnis. Mehr gibt es allerdings nicht zu erfahren, denn „Was auf Malle passiert, bleibt auch auf Malle!“ Bei Fahrten in andere Partymekkas ist das natürlich nicht anders.

Nach einer erneuten Weltklassefahrt und wieder zu Hause angekommen, sind vorerst alle ordentlich bedient und haben so richtig die Schnauze voll. Von Fußball will aktuell niemand etwas hören und der Körper gleicht einer Großbaustelle. Es geht einem sehr schlecht, körperlich wie geistig. Aber es war mal wieder legendär und den Spaß alle Mal(l)e wert, jederzeit würde es wieder so gemacht werden. Vielleicht nicht gleich morgen, aber ganz sicher bald. Nun bleibt aber erstmal ein bisschen Zeit, um zu regenerieren und die Batterien wieder aufzuladen. Bis zur nächsten Saison …

Kapitel 9: Die Schlussszene

Fazit: Amateurfußball ist und bleibt geil!

Beim Schreiben über das Thema Kreisligafußball füllen sich die Seiten schon fast von selbst. Kein Wunder: die verschiedenen Charaktere, Rahmenbedingungen und die Geschichten drumherum bieten ja auch eine Steilvorlage nach der anderen. Eigentlich wäre nicht nur ein Buch, sondern eine ganze Buchreihe möglich gewesen. Aber denken wir mal lieber nicht groß, sondern lassen die Kirche im Dorf und bleiben bescheiden, wie es sich für Amateure gehört.

Wer dieses kleine Büchlein gelesen hat und dem Amateurfußball, egal in welcher Funktion, verbunden ist, der wird sich während des Lesevorgangs wahrscheinlich immer wieder mal „Da hat er Recht“ oder „Das ist bei uns genauso“ gedacht haben. Zu Recht, denn auch wenn jeder Verein und jedes Team etwas Individuelles hat, so vereint sie untereinander doch eine Menge und es gibt Parallelen ohne Ende. Und das ist auch gut, denn nicht zuletzt diese Gemeinsamkeiten machen den Kreisligasport so besonders, beliebt und groß.

Wetter kacke? Keine Leute?
Mitspieler kann nichts? Na und??

Vielleicht hat sich manch einer zwischen den Zeilen aber auch mal gedacht: „Er übertreibt“, „Soooo schlecht ist sicher auch nicht alles“ oder „Schon wieder das Thema Alkohol.“ Korrekt, Vereine, in denen es eins zu eins wie in diesem Buch beschrieben zugeht, gibt es nicht viele. Bei einem Blick auf den Amateurfußball ist aber eines auch jederzeit klar: So schlecht oder kurios es gelegentlich zugehen mag, es gibt in Summe immer viel mehr tolle und positive Dinge als negative. Darum sind ja auch so viele Menschen diesem Sport verbunden, weil er einfach Bock macht und an jedem Spieltag Millionen Menschen durch ihn ihre Alltagssorgen für eine kurze Zeit vergessen können.

Ein Hobby mit Leidenschaft und keines, das Leiden schafft: Amateurfußball ist Hobby – und das muss Spaß machen!!!

Und halten wir mal den Ball flach: Die Bezeichnung Amateurfußball beinhaltet nicht umsonst das Wort „Amateur“, hochprofessionell ist sicher etwas anderes. Darum geht es aber auch gar nicht, denn Fußball ganz unten im Ligensystem ist Hobby – und das muss in erster Linie Spaß machen! Wer braucht schon eine Leidenschaft, die Leiden schafft? Wetter kacke? Zu wenige Leute beim Training? Mitspieler fabriziert nur Müll? Hoffnungsloser Rückstand und Zuschauer nerven rum? Mein Gott, davon sollte sich grundsätzlich niemand den Spaß an der Sache nehmen lassen! Wo wir gerade schon beim Thema Spaß sind: Er ist auch der Grund, warum einige Zeilen teils provokant und auch mal äußerst oberflächlich geschrieben sind. Weil es manchmal einfach mal die volle Dröhnung sein muss, voll auf die Zwölf. Zur Kreisliga gehört, auch mal über sich selbst lachen zu können. Dass man nicht alles so ernst nimmt und einfach, neben dem Stress im Job oder Studium, eine gute Zeit hat. Hand aufs Herz: Wer sich in diesem Buch nicht das ein oder andere Mal wiedergefunden hat und schmunzeln musste, der war noch nie richtig im Amateurfußball involviert.

Eins ist ganz klar:
Amateurfußball lebt vom Mitmachen!

Also, habt auch weiterhin ganz viel Spaß an eurem Hobby und kickt so lange ihr könnt, denn irgendwann ist der Arsch ab. Ehe ihr's euch verseht, sitzt ihr dann mit dem Krückstock auf der Rentnerbank und ärgert euch über das trostlose Gekicke eurer Nachfolger. Genießt das Hier und Jetzt, bejubelt kuriose Tore, ärgert euch über miese Platzverhältnisse, liegt euch nach geilen Siegen feiernd in den Armen und diskutiert fleißig mit pöbelnden Zuschauern. Nehmt am Amateurfußballleben teil, denn das Ganze lebt vom Mitmachen. In diesem Sinne: „Weitermachen, flach spielen – hoch gewinnen!"

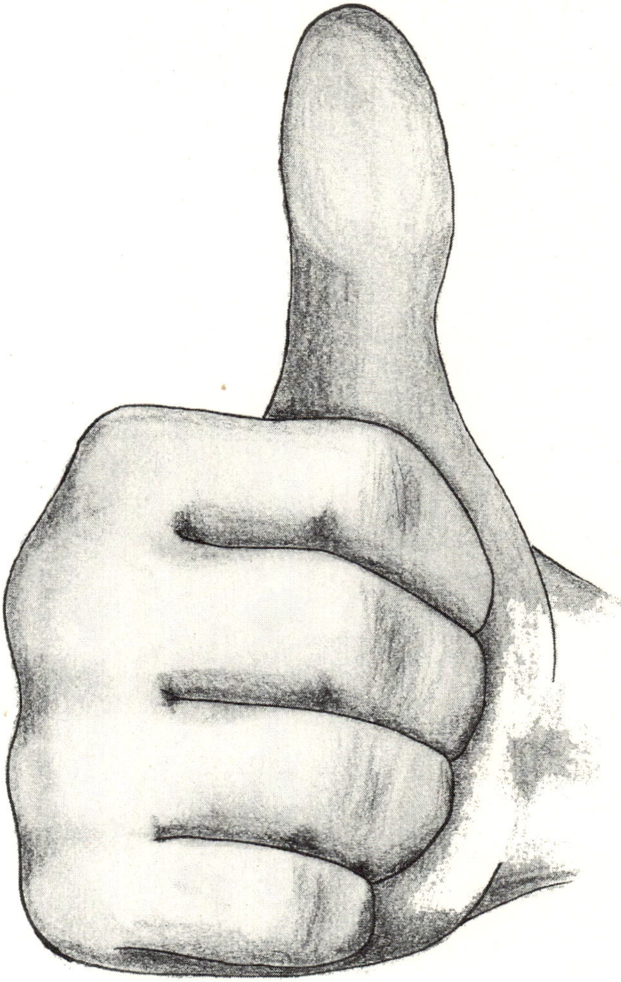

Kapitel 10: Der Abspann

Tausend Dank an alle fleißigen Helfer!!!

Zeilen verfassen oder gleich ein ganzes Buch zu Papier bringen, ist immer so eine Sache. Viele sagen, dass sie da auch mal Bock drauf hätten, es aber zeitlich noch nicht geschafft haben. Manche fangen sogar an, verwerfen das Teil aber irgendwann, weil es dann doch mehr Arbeit ist als gedacht oder weil sie es einfach nicht draufhaben und ihre Texte stinkend langweilig oder einfach schlecht sind. Einige wenige machen es dann aber tatsächlich zu ihrem Projekt und ziehen volle Pulle durch, so lange, bis das Ding endlich frisch gedruckt vor ihnen liegt. Dem Autor dieses Buches ist dies glücklicherweise gelungen, es war aber auch nicht schwierig bei so einem geilen Thema. Trotzdem, ohne die Unterstützung einiger ganz besonderer Menschen, die den jungen Schreiberling jederzeit tatkräftig unterstützt haben, ging es natürlich nicht. Ihnen gilt ein ganz besonderer Dank, denn ohne sie wäre das Teil wohl nur halb so gut geworden, wenn überhaupt: Aus diesem Grund Tausend Dank an …

Betti: Die liebe Ehefrau, die ihrem Mann während des kompletten Projektes mit Rat und Tat zur Seite stand und ihn jederzeit ermuntert hat – auch wenn sie oft auf ihn verzichten musste. Ohne solch eine tolle Unterstützung geht gar nichts, von daher ein dickes Dankeschön an die beste Frau, die man sich vorstellen kann!

Karsten: Der Verleger des Vertrauens, der auch diesmal wieder ein offenes Ohr für die Spinnereien seines Autors hatte. Der ihm das Vertrauen schenkte und ihn einfach hat machen lassen. Jedoch nicht ohne dabei stets Hilfestellung zu geben. Danke an einen tollen Verleger und einen klasse Menschen! Das nächste Essen geht auf mich!

Denise: Das fleißige Bienchen aus dem Lektora-Verlag, das all die anfallenden Aufgaben jederzeit 100%ig und mit Vollgas erledigt hat. Danke für die tolle Unterstützung, falls du selbst mal ein Buch schreibst, stelle ich mich gern als beratende Instanz zur Verfügung.

Larissa: Kreativ bis unters Dach bringt sie schneller was aufs Papier als ihr Schatten. Glücklicherweise konnte sie auch in dieses Projekt involviert werden und hat das Buch mit ihren tollen Zeichnungen ordentlich gepimpt. Danke für die großartige Zusammenarbeit, lass das Handy mal an, für den Fall, dass weitere Bücher folgen!

Christian: Hat sich in der Vergangenheit bereits als bester Freund und Trauzeuge verdient gemacht. Und auch in Form der beratenden Instanz rund um dieses Projekt hat er einen tollen Job geleistet, seine hilfreiche zweite Meinung zu den verschiedensten

Punkten war jederzeit gut zu gebrauchen. Danke für die Hilfe, ich hoffe, ich kann mich mal revanchieren.

Bastian, Patrick und Harry: Die drei von der Tankstelle haben unzählige tolle Inhalte für das Buch geliefert. Wir hätten unsere Brainstormings in der Gartenhütte filmen sollen, es wäre ein echter Blockbuster geworden und wir müssten nie wieder arbeiten gehen. Danke für alles, es war mir eine Ehre! Die nächsten tausend Runden während diverser Feierlichkeiten gehen selbstverständlich auf mich!

Joern: Der Macher der Erfolgshomepage „Kreisliga – Das Bier gewinnt“. Ohne ihn würde es das Buch voraussichtlich nicht geben, denn er gab den entscheidenden Denkanstoß. Und auch danach war er sich nie für konstruktives Feedback und viele lustige Ideen zu schade. Danke dafür! Mögen alle Kreisliga-Virtuosen für immer mit dir sein.

Abschließend: Daumen hoch für euch alle, bleibt bloß so, wie ihr seid! Ich bin auf jeden Fall froh, euch zu kennen! ;-)

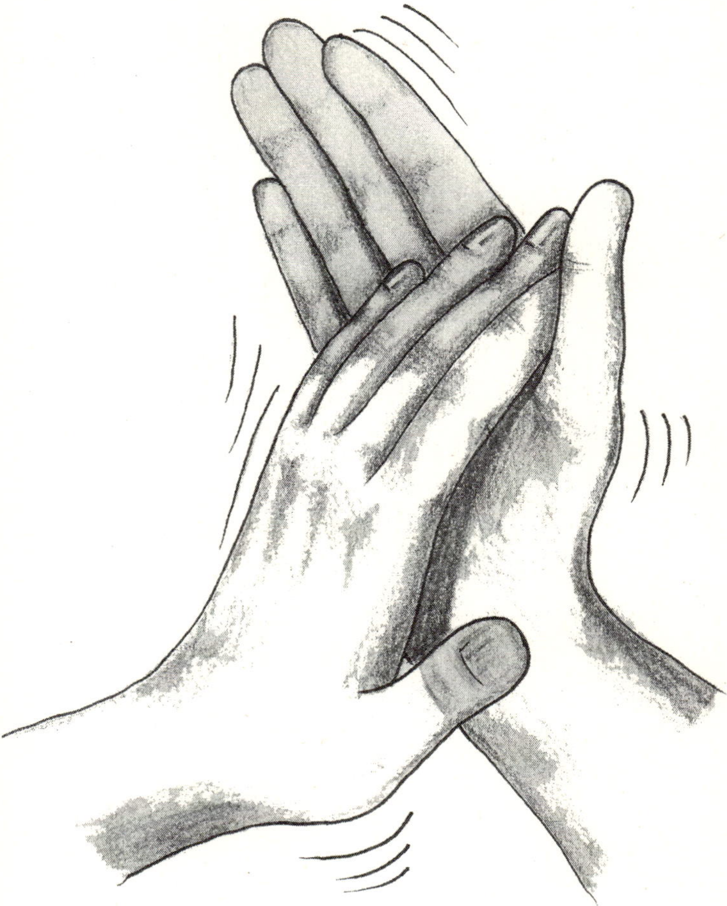

Kapitel 11: Das Bonusmaterial

Fakten, Fakten, Fakten ...

Ähnlich wie im Profifußball gibt es auch bei den Amateuren einen Haufen Fakten, die klar auf der Hand liegen und an denen es nichts zu rütteln gibt. Teilweise sind sie sogar identisch. Überzeugt euch selbst und wundert euch, wie viele ihr bestätigen könnt:

RUND UMS TRAINING:

- Fakt ist, dass beim 5 gegen 2 immer die zwei Jüngsten in die Mitte müssen.
- Fakt ist, dass die Spieler beim 5 gegen 2 immer mit ihrem Alter schummeln, um nicht in die Mitte zu müssen.
- Fakt ist, dass nach dem Training niemand Bock hat, die Trainingsmaterialien aufzuräumen.

RUND UMS SPIEL:

- Fakt ist, das eine versprochene Kiste Bier mehr zieht, als die Ansprache des Trainers.
- Fakt ist, dass bei gegnerischen Ecken oder Freistößen jeder einen hat.
- Fakt ist, dass aus allen Lagen geschossen werden muss, wenn der Rasen nass ist.

- Fakt ist, dass bei gegnerischen Freistößen immer am Sechszehner Schluss ist.
- Fakt ist, dass nach einem Gegentor Keeper und Abwehr regelmäßig aneinandergeraten.
- Fakt ist, dass Abseits auf Zuruf entschieden wird.
- Fakt ist, dass nur in der Kreisliga falsche Einwürfe gepfiffen werden.
- Fakt ist: Wenn er rauskommt, muss er ihn haben.
- Fakt ist, dass in der Kreisliga immer wieder bekannte Torjubel aus der Bundesliga nachgeahmt werden.
- Fakt ist, dass ein Tor dem Spiel gut tun würde. Immer!

Best of Strafenkatalog ...

Während der Trainer sich in der Vorbereitung einen Kopf macht, wie am ersten Spieltag die Startelf aussehen könnte, machen sich auch die Spieler Gedanken, allerdings weniger um sportliche Dinge. Stattdessen beschäftigt sie die eine entscheidende Frage: „Wo soll die Mannschaftsfahrt hingehen?" Eine Saison ohne gemeinsame Fahrt ist undenkbar. Immer öfter wird nicht nur nach der Saison, sondern auch schon davor weggefahren. „Zum Kennenlernen", wie es offiziell verkauft wird, um vom Vorstand noch 1 - 2 Hunnis Taschengeld abzuzwacken. Solche Fahrten können recht kostspielig sein und so wird jede Gelegenheit genutzt, Kohle an Land zu ziehen. Ein beliebtes Mittel dabei: die Strafenkasse.

Sie dient zwar offiziell dazu, für Zucht und Ordnung zu sorgen, aber teilweise beinhaltet sie auch Punkte, die damit herzlich wenig zu tun haben. Mit dem einen Ziel, den Umsatz zu erhöhen, um am Ende der Saison weniger aus der eigenen Tasche für die Abschlussfahrt zahlen zu müssen. Im ein oder anderen Verein ist der Strafenkatalog deshalb äußerst originell. Hier die Klassiker inklusive einiger Exoten:

GENERELL:

- Betreten diverser Räumlichkeiten mit Fußballschuhen
- Foto und Name in der Zeitung
- Einstand
- Geburtstag
- Hochzeit
- Nachwuchs
- Furzen in der Kabine

RUND UMS TRAINING:

- Unentschuldigtes Fehlen beim Training
- Verspätetes Erscheinen zum Training
- Laufschuhe oder Fußballschuhe vergessen
- Ball nicht aufgepumpt
- Getunnelt werden

RUND UMS SPIEL:

- Unentschuldigtes Fehlen beim Spiel

- Zu spät am Treffpunkt (Staffelung nach Minuten)
- Betrunken zum Spiel
- Ungekämmt
- Fußballschuhe oder Schienbeinschoner vergessen
- Aufwärmpulli oder T-Shirt vergessen
- Schuhe nicht sauber
- Handy klingelt während der Mannschaftsbesprechung
- Trikot mit dem Anpfiff nicht in der Hose
- Rote Karte (unsportliches Verhalten)
- Gelbe Karte (unsportliches Verhalten)
- Falscher Einwurf
- Eigentor geschossen
- Rauchen oder Biertrinken im Trikot

Gute Vorsätze

Gute Vorsätze sind eine feine Sache und auch im Fußball nicht verkehrt! Aus diesem Grund nimmt sich ein Team vor oder während eines Spiels in der Regel ordentlich etwas vor. Ob die Vorhaben letztendlich wirklich umgesetzt werden, steht auf einem ganz anderen Blatt – aber wenigstens wurde es versucht. Apropos Versuch, hier auch einer, nämlich euch einige interessante gute Vorsätze rund um ein Spiel vorzustellen:

Vor dem Spiel:

- „Wir gehen die ersten Minuten volle Pulle drauf!"
  – Furchtlos und wild entschlossen zugleich.
- „Wir spielen geduldig!"
  – Ungeduldig.
- „Wir spielen abwartend!"
  – Ehrfürchtig.
- „Wir spielen einfache Bälle!"
  – Realitätsfremd.
- „Wir dürfen den Gegner nicht ins Spiel kommen lassen!"
  – Wunschdenken.
- „Kein Wort zum Schiedsrichter, der ist tabu!"
  – Ebenfalls Wunschdenken.
- „Wir müssen kompakt stehen!"
  – Die Vorstufe zu „Beton anrühren".

Während des Spiels:

- „Wir müssen über den Kampf ins Spiel finden!"
  – Martialisch.
- „Wir bleiben ruhig!"
  – Friedfertig, im Falle von Meinungsverschiedenheiten auf dem Feld.
- „Wir müssen langsam mal wach werden!"
  – Bei Müdigkeit.
- „Wir müssen mehr über die Flügel spielen!"
  – In der Hoffnung, dass es mit der guten alten (Ge)Flügelzange besser wird.

- „Wir schieben vor!“
  – Angriffslustig, wenn der Gegner nicht richtig will oder kann.
- „Wenn, dann alle!“
  – Seite an Seite – Hand in Hand.
- „Zum Ball!“
  – Meist bei Abstößen, egal ob vom eigenen oder gegnerischen Torhüter.
- „Der kommt nicht weit!“
  – Codierter Hinweis für die Teammitglieder, weiter vorzuschieben.
- „Nur stellen!“
  – Aus Angst vor einem dummen Foul.
- „Kein Foul!“
  – Aus Angst vor einem ganz dummen Foul.
- „Nichts passiert. Wir machen genauso weiter!“
  – Trotzig, nach einem Gegentor.
- „Genau so weiter!“
  – Euphorisch, nach einem erzielten Tor.
- „Nicht nachlassen jetzt!“
  – Mahnend, nach einem erzielten Tor.
- „Nicht schießen lassen!“
  – Bei wenig Vertrauen in das Können des eigenen Keepers.
- „Kommt noch mal!“
  – In der Schlussphase des Spiels, egal wie es steht.

Kreisliga ist ...

... etwas ganz Besonderes. Sie ist aber nicht nur besonders, sondern in vielerlei Hinsicht sogar einzigartig. Dinge, die in der Kreisliga Gang und Gebe sind, sind woanders fast undenkbar. Hier ein paar nette Beispiele:

RUND UMS TRAINING: KREISLIGA IST, ...

... wenn anstelle von 15 Leuten nur noch sieben beim Training erscheinen, da der Trainer vorher mitgeteilt hat, dass die Mannschaft Laufschuhe mitbringen soll.

... wenn man sich draußen umziehen muss, weil wieder einer den Schlüssel vergessen hat.

... wenn um 19:00 Uhr Training ist und immer die gleichen Kollegen um 18:55 Uhr die Kabine zum Umziehen betreten.

... wenn das Training im Sommer mit 20 Leuten beginnt und ab Herbst maximal noch acht kommen.

... wenn nach dem Winter der Frühling einkehrt und plötzlich Leute beim Training sind, die man vorher monatelang nicht gesehen hat.

… wenn einem der widerliche Geruch eines nicht gewaschenen Leibchens bestens bekannt vorkommt.

… wenn das Leibchen immer zu klein ist.

… wenn der Trainer beim Training fragt, ob alle die Übung verstanden haben und der Erste sie anschließend direkt falsch macht.

… wenn das Training früher beendet wird, damit noch alle Champions League gucken können.

… wenn die Mitspieler in der Kabine verspottet werden, weil sie statt Bier pur lieber Radler trinken.

RUND UMS SPIEL: KREISLIGA IST, …

… wenn das Spitzenspiel verlegt wird, weil im Dorf Schützenfest ist.

… wenn ein Spieler zu spät zum Treffpunkt kommt, weil der Mitspieler, der ihn abholen wollte, ihn einfach vergessen hat.

… wenn dem Trainer gesagt wird, dass man am Vorabend nicht unterwegs war, der Stempel aber immer noch sichtbar ist.

… wenn man auswärts immer wieder aufs Neue nach dem Weg zum Sportplatz fragen muss.

… wenn beim Training nur sieben bis zehn Leute anwesend sind, zum Heimspiel die Kabine allerdings mit 18 Spielern besetzt ist.

… wenn die Stärke der gegnerischen Spieler anhand ihrer Nummern und Utensilien ausgemacht wird. Trägt ein Spieler die 10, teure Fußballschuhe oder die Kapitänsbinde, ist dieser grundsätzlich zu doppeln und besonders hart anzugehen.

… wenn die Trikots nicht nach Nummern, sondern nach Größen vergeben werden.

… wenn man beim Auswärtsspiel die Gegner fragen muss, ob sie noch ein paar Bälle fürs Aufwärmen haben, weil man seine eigenen vergessen hat.

… wenn das Tornetz vor dem Spiel noch schnell mit Kabelbindern geflickt werden muss.

… wenn man lieber den Torwart warmschießt, anstatt beim Aufwärm-Programm mitzumachen.

… wenn das Aufwärmen der Ersten auf einem zwei Meter breiten Streifen durchgeführt wird, weil die Zweite noch spielt.

… wenn der Schiri nicht kommt und einer aus der Heimmannschaft pfeifen muss.

… wenn die Wertsachen in einer Tüte gesammelt werden und diese während des Spiels in der Kabine liegengelassen wird.

… wenn der Ersatzspieler gleichzeitig Linienrichter ist.

… wenn einer auf falschem Pass spielt und nie Bescheid weiß, wenn er während des Spiels gerufen wird.

… wenn der Schiedsrichter alle zwei Minuten gefragt wird, wie lange noch zu spielen ist, und dieser keine Antwort gibt.

… wenn der Abwehrspieler den Stürmer beim Schiri verpetzt, weil dieser noch eine Kette umhat, es dem Schiedsrichter aber total egal ist.

… wenn der Schiri zur zweiten Halbzeit nicht weiß, wer Anstoß hat.

… wenn der Ball eigentlich geflankt werden soll, aber unhaltbar in das lange Eck gezwiebelt wird.

… wenn eine Ecke direkt im Toraus landet.

… wenn die Flanke weltklasse war, „da“ aber keiner steht.

… wenn die Idee gut war.

… wenn der Hund eines Zuschauers auf das Spielfeld rennt.

… wenn mindestens ein Treffer nach einem individuellen Fehler erzielt wird.

… wenn Spieler die eigenen Zuschauer mehrmals ermahnen müssen, ruhiger zu sein.

… wenn sich ein Reservespieler hinter den Zuschauern oder der Bande versteckt, um noch schnell eine zu rauchen.

… wenn Vater und Sohn zusammen bei den Aktiven spielen und der Vater noch der Fittere von beiden ist.

… wenn man sich mit dem gegnerischen Spieler heimlich über den eigenen Mitspieler lustig macht.

… wenn Abseits durch Handheben der Abwehr entschieden wird.

… wenn der Linienrichter Freizeitkleidung trägt.

… wenn man vom Auswärtsspiel statt Punkte gegnerische Bälle mit nach Hause nimmt.

Der ultimative Test

Nach einem Haufen Seiten über den Amateurfußball mit all seinen Facetten wird jetzt knallhart, wie die Kreisliga nun mal ist, getestet: Wer hat beim Lesen gut aufgepasst und wer kennt sich aus? Dieses kleine Kreuzworträtsel besteht allerdings nicht nur aus Inhalten aus dem Buch, das wäre schließlich zu einfach. Probiert es aus und erhaltet im Erfolgsfall eine kleine Überraschung.

Und so geht's: Schickt das Lösungswort per Nachricht an die „Thomas Bentler"-Autorenseite bei Facebook und hinterlasst dort optional (falls das Buch gefallen hat) ein nettes „Gefällt mir". Jede Mail, egal ob mit korrektem oder falschem Lösungswort, wird beantwortet.

Viel Glück!

1. Stürmer mit Abschlussschwäche …
2. Hat reichlich Kohle und pumpt diese in den Verein …
3. Schwieriger Pass, klappt in der Kreisliga nur selten …
4. Aussterbende Art des Abwehrspielers …
5. Fischt, panthert und will nichts in seinem Netz haben …
6. Nach dem Spiel ist vor der …
7. Zücken einige Schiedsrichter ganz gern …
8. Wird öfter mal falsch ausgeführt …
9. Fleißige Arbeitsbienchen neben dem Feld …
10. Wird auch gern mal auf Zuruf gepfiffen …
11. Pöbeln gelegentlich rum …
12. Hat man manchmal im Ballbesitz …
13. Da müssen Montag alle wieder hin …
14. Probieren viele, können aber die Wenigsten …
15. Hat nach manchen Spielen kein Team was von …
16. Ohne dieses Getränk geht gar nichts …
17. Damit ist jeder Betreuer bewaffnet …
18. Muss man unbedingt machen, wenn der Rasen nass ist …
19. Zuschauer mögen sie während der 90 Minuten, die Spieler danach …
20. Braucht jeder Kreisliga-Kicker während der Sommervorbereitung …
21. Hier sind die Mannschaftsfahrten am besten …
22. Der Betreuer am Spielfeldrand hat sie, der Spritter vom Vorabend auch …
23. Jeder Spieler ruft den Namen, aber niemand auf dem Feld heißt so …
24. Bei manchen Spielern hat sie gleich mehrmals im Jahr Geburtstag …
25. Einige Spieler benötigen es direkt nach dem Spiel …

Kreisliga
Das Bier gewinnt

Ein herzliches „Gut Kick“ an alle lieben Spieler, Freunde, Familien, Bekannte, Gönner und Fans der Kreisliga/Kreisklassen auch von unserer Seite.
Schön, euch als treue Leser auch hier wiederzusehen.

Wer uns noch nicht kennt (was er dringend nachholen sollte ☺),
hier kurz ein paar Sätze zu uns:

Wir sind Deutschlands größte Community für alle Amateur- und Hobby-Fußballer und verstehen uns als Sprachrohr für alle Amateur-Kicker, Vereine und Hobbyfußballer. Bei uns stehen neben dem Fußball vor allem der Spaß, der Zusammenhalt, die gemeinsamen Blödeleien und natürlich das Bier im Vordergrund.

Die beiden Seitengründer Tobias Sergeo und Ruben Piche, beide selbst leidenschaftliche Kreisligafußballer, und ihr Team beglücken dabei ihre Fans täglich mit neuen lustigen Geschichten und unglaublichen Szenen aus dem Fußballunterhaus.

Ruben Piche

Tobias Sergeo

Hintergrund, Motivation und auch Ansporn für die beiden fußballverrückten Kicker im Hinblick auf dieses Projekt ist u. a. ein wesentlicher Punkt: die verschwindenden Traditionen, die einen Amateurverein/-fußballer ausmachen.

Nach dem Training, wenn die erste Kippe geraucht wurde, sind nahezu 2/3 des Kaders verschwunden. Die Playstation ruft oder die Freundin steht schon am Eingang.

Nach den Spielen oft das gleiche Bild, während man sich damals mit den vereinseigenen Rentnern (häufig auch Sponsoren) unterhalten hat, sind heute viele Jungs direkt weg. Nach Siegen dauert es vielleicht ein paar Minuten länger. Leider sieht man das auch auf den Rängen. Die Zuschauer finden sich nur noch selten am Seitenrand zusammen.

Was bedeutet das für euch? Schwingt eure Hintern von der Couch, schnappt euch Hund, Frau, Mann, Freundin, Freund oder Kinder und unterstützt eure Söhne, Neffen, Enkel, Freunde usw. bei ihren Spielen! Verbringt einen sonnigen Nachmittag auf den Sportplätzen eurer Dörfer und tut den Vereinen damit etwas Gutes! Glotze aus, Heimatverein supporten, auf geht's!

Facebook: **www.facebook.com/Kreisligafussball.das.Bier.gewinnt**

Kreisliga-Shop auf www.kreisliga-shop.de

Bei Lektora erschienen

Thomas Bentler

Wenn schon, dann richtig!
... denn Halbgas können andere machen

„Fußball in Deutschland ist mehr als Nationalmannschaft und Bundesliga. Fußball in Deutschland – das sind über 164.000 Mannschaften, größtenteils Amateure. 164.000 oft verschworene Haufen, die gemeinsam nach Spaß und Erfolg streben. […] Und nicht zuletzt über 164.000 Trainer, die für ihr Team verantwortlich sind! Kein Jogi, Jürgen oder Pep, sondern Stefan, Matthias und Christian aus der Gegend. Übungsleiter, die sich nach der täglichen Maloche an der Schüppe oder vorm Rechner um ihre Jungs kümmern, organisieren, motivieren, durchführen und und und. Kurz gesagt: die den Laden am Laufen halten und im besten Fall sogar ordentlich nach vorne bringen. Willkommen im Amateurfußball […].“

„Wenn schon, dann richtig!“ von Thomas Bentler widmet sich der Arbeit aller motivierten Stefans, Matthiasse und Christians in den Amateurligen. Detaillierte Informationen zu Taktik, Technik, Koordination etc. finden sich hier nicht. Vielmehr stehen der Übungsleiter und seine Tätigkeit im Mittelpunkt. Es werden kurzweilig und hochgradig motivierend ganz konkrete Tipps und Anregungen sowie zahlreiche Blicke über den Tellerrand für die tägliche Arbeit eines Trainers im Amateurbereich gegeben – chronologisch über den Zeitraum einer kompletten Fußballsaison. Ein Muss für jeden Fußballverrückten mit Coachingambitionen.

220 S. / Klappenbroschur
ISBN 978-3-95461-049-5
13,90 Euro
www.lektora.de/shop

Bei Lektora erschienen

Tobias Fenneker (Hg.)

Sportsfreunde aus der Nachbarschaft

Schluss mit Statistiken! Jetzt kommt Dynamik in die Sache. Zwölf Geschichten über Sportler aus dem Kreis Paderborn, die auch Anti-Sportler zum Staunen bringen. Ein prominenter Ex-Fußballer, der in seiner zweiten Karriere mehr arbeitet als je zuvor. Ein Mann, der reihenweise Chinesinnen nach Hövelhof lotst. Ein Vereinsgründer, dem der sportliche Erfolg maximal zweitrangig ist. Ein Squasher, dem in Indien eine Kuh fast einen Turniererfolg vermasselte, eine Leichtathletin, die von einem Schatten verfolgt wird, oder ein Behindertensportler, der plötzlich bester Kumpel von Arnold Schwarzenegger war. Nah und echt – als würden Sie am Gartenzaun im Paderborner Land stehen

132 S. / Klappenbroschur
ISBN 978-3-95461-032-7
12,00 Euro
www.lektora.de/shop

Bei Lektora erschienen

Marc-Oliver Schuster & Markus Freise

Katzequiz.
Mit Fußball.

Das handliche Fußball-Quiz-Buch im Hardcover-Einband: „Katzequiz. Mit Fußball" – zum Rätseln in geselliger Runde oder auch alleine. Es ist liebevoll illustriert mit „Katze", einer fußballverrückten Comicfigur, die auch Nicht-Katzen-Fans mögen werden. Das Fußball-Quiz-Buch unterhält Fußball-Laien und fordert selbst beinharte Kenner heraus. Spielend wird hier interessantes Fußball-Wissen vermittelt. Wer verbirgt sich zum Beispiel hinter dem Anagramm „Oma Jöchweil"? Wer war bei der Fußball WM 2006 zweitbester Torschütze? Könnt ihr die zehn größten Stadien der Welt ihrem jeweiligen Fassungsvermögen zuordnen?

„Katzequiz. Mit Fußball" ist natürlich auch das perfekte Geschenk für eure Fußball begeisterten Freunde und Freundinnen. Direkt nach dem Auspacken könnt ihr es zusammen mit euren Kumpels spielen und Bier dabei trinken oder Bier trinken und es mit euren Kumpels spielen. Aber auch alleine, gegeneinander und miteinander in der Halbzeitpause oder zur Auflockerung privater Fußballfeiern. Der mit den meisten Punkten gewinnt. Wie beim Fußball. Protagonist und Quiz-Moderator im Buch ist „Katze", eine Comicfigur, die ihren Ursprung in der Poetry-Slam-Szene hat.

168 S. / Hardcover
ISBN 978-3-95461-022-8
9,90 Euro
www.lektora.de/shop